www.ingramcontent.com/pod-product-compliance
Lightning Source LLC
LaVergne TN
LVHW020447070526
838199LV00063B/4865
9789358720174

جُولے لداخ

(سفرنامہ)

مصنف:

ستیش بترا

© Taemeer Publications

Joole Ladakh *(Travelogue)*
by: Satish Batra
Edition: May '2023
Publisher & Printer:
Taemeer Publications, Hyderabad.

ISBN 978-93-5872-017-4

مصنف یا ناشر کی پیشگی اجازت کے بغیر اس کتاب کا کوئی بھی حصہ کسی بھی شکل میں بشمول ویب سائٹ پر اَپ لوڈنگ کے لیے استعمال نہ کیا جائے۔ نیز اس کتاب پر کسی بھی قسم کے تنازع کو نمٹانے کا اختیار صرف حیدرآباد (تلنگانہ) کی عدلیہ کو ہو گا۔

© تعمیر پبلی کیشنز

کتاب	:	**جُولے لداخ** (سفر نامہ)
مصنف	:	**ستیش بترا**
صنف	:	سفر نامہ
ناشر	:	تعمیر پبلی کیشنز (حیدرآباد، انڈیا)
زیر اہتمام	:	تعمیر ویب ڈیولپمنٹ، حیدرآباد
سالِ اشاعت	:	۲۰۲۳ء
تعداد	:	(پرنٹ آن ڈیمانڈ)
طابع	:	تعمیر پبلی کیشنز، حیدرآباد ۔ ۲۴
صفحات	:	۱۲۰
سرورق ڈیزائن	:	تعمیر ویب ڈیزائن

ترتیب:

۱۔ سرد ریگ زاروں کا بلاوا	8
۲۔ روجیلا کے اُس پار	21
۳۔ کرگل	33
۴۔ آریائی لداخ داچک	49
۵۔ کرگل سے لیہہ تک	65
۶۔ قدیم لیہہ	79
۷۔ جدید لیہہ	93
۸۔ لداخی تہذیب اور رسم و رواج	104
۹۔ الوداع لداخ۔ پھر ملیں گے	114

"ستیش بترا نے بہت کم لکھا ہے۔ ادبی حلقوں میں انکے افسانوں کی بازگشت سالوں گونجتی رہی ہے۔ ستیش بترا اُردو کے شہر افسانہ کے جانے پہچانے افسانہ نگار ہیں۔ ادبی انفرادیت میں یقین رکھتے ہیں۔ اور اکثر زندگی میں کبھی ساحل سے اور کبھی موجوں کے اندر سے دُرِ بے بہا تلاش کر لیتے ہیں۔"

کرشن چندر (مرحوم)

"ستیش بترا کے موضوعات دائرہ تقسیم کے مسائل سے لیکر انسانی تعلقات کے پیچ و خم اور سماجی مسائل کے ذہن جکڑ لینے والے سوالات سب پر محیط ہے۔ ان کی کہانیاں ہندوستان کے تناظر میں غور و فکر کی دعوت دیتی ہیں۔"

ڈاکٹر گوپی چند نارنگ

"ستیش بترا کے افسانوں کے موضوعات اتنے ہی متنوع ہیں جتنی کہ زندگی! وہ نئی بات کو نئے ڈھنگ سے کہنے میں یقین رکھتے ہیں۔"

منظر سلیم (تاشقند یونیورسٹی)

پیش لفظ

جناب ستیش بترا جو اب ہمارے درمیان نہیں ہیں اردو حلقوں میں کسی بھی تعارف کے محتاج نہیں۔ وہ نہ صرف ایک افسانہ نگار تھے بلکہ اپنے طرز کے ایک منفرد ادیب بھی تھے جن کی مثال ان کے وہ سفرنامے ہیں جو وقتاً فوقتاً رسائل و جرائد میں شائع ہو کر سامنے آتے رہے ہیں۔ سفرنامہ "جولے لداخ" ان کے اس سفر پر مبنی ہے جو انھوں نے اپنی موت سے کچھ عرصہ پہلے کیا تھا۔ جس میں انھوں نے علاقہ لداخ کے عوام کی تہذیب اور ان کے رہن سہن کو بہت خوبصورتی سے پیش کیا ہے۔

"جولے لداخ" کی اشاعت سے اردو ادب میں یقیناً ایک اضافہ ہوگا اور ہریانہ کے اس ادیب کو خراج عقیدت پیش کرنے کا ایک بہترین ذریعہ بھی ثابت ہوگا۔

کشمیری لال ذاکر

سردریگزاروں کا بلاوا

۱۹۸۵ء کی بہار کے موسم کا کوئی دن تھا۔ اچانک بمبئی سے پریم بھائی صاحب کا فون آیا۔

"بھئی آسام کی جنگلوں کی سیاحت کا پروگرام ہے۔ آپ دونوں تیار رہنا۔"

پریم بھائی صاحب مجھ سے عمر میں دو تین سال بڑے ہیں، لیکن ہم بھائی

ؔ لداخی زبان میں "جولے" کا لفظ سواگت کے طور پر استعمال کیا جاتا ہے۔ لوگ سلام کرتے ہوئے ایک دوسرے کو "جولے" کے لفظ سے نوازتے ہیں۔

ہوتے ہوئے بھی دوست زیادہ ہیں۔ ان کی ساری عمر بحریہ میں سمندری جہازوں پر رہتے، دنیا بھر کے پانیوں کو چیرتے، روندتے ہوئے گذری ہے۔ سمندری جہازوں میں رہنے کی وجہ سے جہاز کی حرکت ہی انہیں زندگی میں بہاؤ کا احساس دلاتی رہتی ہے۔ جہاں حرکت غائب، وہ بوکھلا کر اٹھ بیٹھتے ہیں۔ ارے یہ ایکا ایک جہاز چلنا کیوں بند ہو گیا؟ اب جب کہ وہ کمانڈر کے عہدے سے ریٹائر ہو چکے ہیں، انہیں زندگی کو متحرک رکھنے کے دورے پڑتے رہتے ہیں! یہ ٹیلی فون بھی ایسے ہی دوروں کی ایک کڑی معلوم ہوتا تھا۔ ویسے میری ذاتی زندگی بھی سیلز کے پیشے میں مختلف گھاٹوں کا پانی پیتے گذری ہے۔ لہٰذا یہ ماننا ہوگا کہ اگر میں اس معاملے میں اکیس تھا تو بھائی صاحب بیس!

"بھائی صاحب! ہمارا پلان تو برفانی ریگستانوں کو دیکھنے کا بن چکا ہے! آپ تیار ہیں؟" یہ میرا جوابی حملہ تھا۔

"اچھا تو لداخ جانے کا پروگرام ہے!" انہوں نے فوراً بھانپ لیا: "سنیل اشیما کے پاس!" —— اشیما ہماری بیٹی ہے اور سنیل ہمارا داماد فوج میں میجر ہے۔

"ہاں بھائی صاحب! سنیل کی لداخ میں پوسٹنگ کا آخری سال ہے! جولائی تک رجمنٹ کسی Peace Statio پر چلی جائے گی۔ اسی کے پیہم اصرار پہ ترپت اور میں نے لداخ جانے کا پروگرام بنا لیا ہے۔"

"اچھا!" میں بھائی صاحب کے جذبات میں رشک کی جھلک محسوس کر سکتا تھا۔

"آسام کی بجائے آپ اور کرشنا بھابی ہمارے ساتھ لداخ کیوں نہیں چلتے!"

"سنیل کے پاس ہمارا انتظام بھی ہو سکے گا کہ نہیں! کرگل تو NON FAMILY اسٹیشن ہے نا!"

ارے بھائی صاحب! جہاں ہم سب رہیں گے وہاں آپ کے لیے بھی جگہ

نکل آئے گی ! ـــــ مئی کے آخر میں جا رہے ہیں ہم لوگ ! سنیل کو آج ہی اطلاع کیے دیتے ہیں !"

"سچ پوچھو تو لداخ جانے کے لیے ہمارا بھی جی کر رہا تھا !"

"تو اس بار ہم سب لداخ کے ریگستانوں کو لالہ زار کریں گے ! اب قدم ڈگمگائیں نہیں !"

"تم ایک نیول افسر کے وعدے پر پورا یقین کر سکتے ہو !" بھائی صاحب کی زبان میں ابھی فوجی طمطراق اسی آن بان سے قائم تھا۔

"آفرین ہے ناؤ سینا کو جو لداخ اور کشمیر کے پہاڑوں پر چڑھائی کرنے نکلے گی !" میں نے کہا اور ہم دونوں کھلکھلا کر ہنس دیئے۔

کچھ ہی دنوں میں سنیل کا پیغام بھی آ گیا۔ وہ خوش تھا کہ بھائی صاحب اور بھابی بھی لداخ آ رہے تھے۔ اس نے بھائی صاحب کی سہولت کو مد نظر رکھتے ہوئے، فوجی گیسٹ ہاؤس میں ان کے لیے کمرہ بک کرا دیا تھا۔ اس کے ذاتی ہٹ HUT میں دو بیڈ روم کی گنجائش تھی۔ اگر بھائی صاحب ہٹ میں رہنا چاہیں تو بھی گزارا ممکن تھا۔ کھانے پینے کا انتظام تو میس MESS ہی میں رہے گا۔ اس نے جموں سے سری نگر اور پھر اگلے روز سری نگر سے کرگل تک کے لیے آرمی بس میں ہماری سیٹیں بک کروانے کا بھی انتظام کر دیا تھا۔ جموں سے صبح سویرے چل کر ہم شام کو سری نگر پہنچ سکیں گے۔ چونکہ سری نگر سے کرگل کے لیے آرمی بس ایک دن چھوڑ کر جاتی تھی۔ ہمیں اپنی تھکان مٹانے کے لیے ایک دن مل جائے گا۔ سری نگر سے پھر دوبارہ صبح سویرے نکل کر ہم شام تک کرگل پہنچ جائیں گے۔ ہمارے دو راتیں ٹھہرنے کا انتظام ٹرانزٹ کیمپ میں بھی کر دیا گیا تھا۔ اس سلسلے میں تمام ضروری کاغذات اس نے جموں اور سری نگر کے کیمپ کمانڈنٹ کو بھیج دیئے تھے۔

پریم بھائی صاحب اور ہم نے مقررہ تاریخ کو جموں ملنے کا پروگرام بنا لیا تھا۔ دیکھا جائے تو جموں تک کے سفر کے بعد بھی ہمیں مکمل دو دن بس کے سفر میں گزار نے تھے۔ جس کا تصور ہی روح کو لرزا دینے کے لیے کافی تھا۔ اس بات کو مد نظر رکھتے ہوئے سنیل نے ہمیں سری نگر میں ایک دن سستانے کا موقع فراہم کر دیا تھا۔ ویسے ہم دہلی یا چنڈی گڑھ سے بھی براہِ راست ہوائی جہاز سے صرف ڈیڑھ دو گھنٹوں میں لداخ کی راجدھانی لیہہ پہنچ سکتے تھے اور پھر وہاں سے ایک رات کے قیام کے بعد اگلی صبح آرمی بس سے شام تک کرگل پہنچ پاتے، مگر سنیل ایسے ہوائی سفر کے خلاف تھا۔ اس کی ایک وجہ تو لیہہ کی گیارہ ہزار فٹ کی اونچائی تھی۔ ایسی اونچائی پر پہنچ کر ہمیں سانس لینے میں دشواری پیش آسکتی تھی جو کہ صحت کے لیے مضر ثابت ہوسکتی تھی۔ اکثر فوجیوں کو بھی یہ دشواری پیش آتی تھی۔ اسی وجہ سے ایسے فوجیوں کے لیے بھی جو آب و ہوا کی تبدیلی کے مرحلوں سے مانوس نہیں تھے۔ لیہہ میں ایک یا دو دن کا قیام لازمی تھا۔ اس کے بعد ہی وہ اپنی پہاڑی منزل مقصود پر بھیجے جاتے۔ سری نگر سے کرگل بہ راستہ سڑک آنے پر انسانی جسم تبدیلیٔ آب و ہوا سے قدرے بہ آسانی مانوس ہو جاتے۔ دوسری وجہ بھی تھی کہ ہوائی سفر کرنے سے ہم فطرت کے انمول نظاروں سے محروم رہ جاتے اور جو کہ اس سفر سے ہمارا اصل مقصد تھا۔ البتہ ہماری بیٹی اشیما اور اس کے دو بچے راہول اور آمن جو سنیل کی نان فیملی اسٹیشن پر پوسٹنگ کی وجہ سے ہمارے پاس ہی رہ رہے تھے۔ ہمارے سواگت کے لیے کچھ دن پہلے ہوائی جہاز سے لیہہ ہوتے ہوئے کرگل کے لیے روانہ ہو گئے تھے۔ یہ امر باعثِ اطمینان تھا کہ کرگل جیسے مقام پر فوجی افسروں کو چند دنوں تک فیملی ساتھ رکھنے کی سہولیات فراہم تھیں: بچوں کی چھٹیوں میں اور چند ضروری موقعوں پر فوجی پریوار جگہ مہیا ہونے پر باری باری جانے کی اجازت حاصل

کر سکتے تھے۔

پروگرام کے مطابق ۳۱ مئی کی صبح میں ہم چاروں، پریم بھائی صاحب کرشنا بھابی میری بیوی ترپت اور میں، چھ بجے جموں سے سری نگر جانے والی آرمی بس میں سوار تھے دراصل اسے سری نگر کی بس کا نام دینا کچھ زیادتی ہوگی۔ کیونکہ اصل بس تو اودھم پور سے جو کہ شمالی کمان کا ہیڈکوارٹر تھا، چلتی تھی، لیکن چونکہ ریل کا ٹرمینس جموں تھا۔ افسران کی سہولت کے لیے یہ بس معاون سروس کا فریضہ انجام دیتی تھی۔ افسران کی یہ بس بھی کسی ڈی لکس لگژری بس سے کسی طرح کم نہ تھی۔ بس کی کوئی سیٹ خالی نہ تھی۔ بہت جلد ہماری بس سری نگر جانے والی شاہراہ پر بسوں کے قافلے میں شامل ہو گئی۔ ان میں سری نگر جانے والی بسوں کے علاوہ کٹڑہ جانے والی کئی بسیں بھی تھیں۔ ان بسوں میں ویشنو دیوی کے عقیدت گزار یاتریوں کی بھیڑ تھی۔ دیوی کی بھینٹیں، گانے والوں کی آوازیں اور "جے ماتا کی" کے پُرجوش بلند نعرے ہمارے ہم سفر بن گئے تھے۔

یوں تو 'ماتا' کے درشنوں کے لیے بنگال، مدراس تک کی دوری سے بھگت آتے رہیں۔ لیکن شمالی ہند خصوصاً پنجاب، ہریانہ، دہلی کے لوگوں کی اکثریت رہتی ہے۔ بعض فلم والے بھی اب اپنی فلموں کی کامیابی کی دعا مانگنے کے لیے آنے لگے رہیں۔ اس لحاظ سے ویشنو دیوی کی اہمیت بھی اجمیر شریف کی درگاہ خواجہ غریب نوازؒ، امرتسر کے دربار صاحب، تروپتی کے بالاجی مندر اور کلکتہ کے کالی اور دُرگا کے مندروں جیسی ہے۔ ان دھد آور مدھر کانوں کا ساتھ اس دوراہے تک رہا، جہاں کٹڑہ جانے والی سڑک اودھم پور اور سری نگر جانے والی سڑک سے الگ ہو جاتی ہے۔ یہاں سے اودھم پور کچھ ہی کلومیٹر دور رہ جاتا ہے۔ بلکہ چھاؤنی کے آثار یہیں سے شروع ہو جاتے ہیں۔ کچھ سال پہلے جب شمالی

کمان ابھی وجود میں نہ آیا تھا۔ اودھم پور صرف ایک چھوٹا سا قصبہ تھا۔ اب اس نئی اہمیت کی وجہ سے یہ ایک اچھا خاصا شہر بن گیا تھا۔ اب تو اسے پہچاننا بھی مشکل ہو گیا تھا۔

اودھم پور کے ٹرانزٹ TRANSIT کیمپ میں ہمارا سامان نئی بس میں منتقل کر دیا گیا۔ ہمارے ساتھ جانے والی ایک اور آرمی بس بھی تیار تھی۔ کیمپ میس MESS میں صبح کے ناشتہ کا پورا اہتمام تھا۔ اتنے بھرپور ناشتہ کے لیے مقرر شدہ چارج صرف تین روپے تھا جبکہ اتنے ناشتہ کے لیے کہیں اور دس بارہ روپے دینے پڑتے۔ لذیذ بھرپیٹ ناشتہ کے بعد دونوں بسوں کا قافلہ پھر سفر پر روانہ ہو گیا۔ اس پہاڑی سفر پر نہ جانے ہم کتنی ہی بار جا چکے تھے۔ لیکن ہر بار ایک نئی تازگی کا احساس ہوتا ہے کہ کدے پٹنی ٹاپ کی سنگین چڑھائی شروع ہو جاتی ہے۔ صاف شفاف چیل کے پیڑوں سے چھنی ہوا ایک خوشبو لیے دماغوں کو معطر کرتی ہے۔ لیکن اب اتنی اونچائی پر بھی شہری فضاؤں کا غلبہ شروع ہو گیا ہے۔ ہر موڑ پر چائے اور ڈرنکس کی دکانیں نظر آنے لگیں ہیں۔ اور ان کے پیچھے بدنما جھونپڑیاں اشہری تہذیب کا بوجھ ڈھوتے ہوئے، فطرت برہنہ ہوتی چلی جا رہی ہے۔

پٹنی ٹاپ سے بٹوت اور وہاں سے لنچ کے وقت پر ہم رام بن پہنچ گئے۔ بٹوت سے رام بن اترائی رہتی ہے۔ اور سڑک کچے پہاڑوں میں سے گذرتی ہے۔ جہاں چٹانیں پھسلتے رہنے کی وجہ سے مزدوروں کی ٹولیاں سارا سال سڑک ہموار کرنے کے کام میں جٹی ملتی ہیں۔ اس حصے میں ٹریفک کی رفتار بہت دھیمی رہتی ہے۔ خصوصاً بوندا باندی یا بارش ہو رہی ہو۔ ڈرائیوروں کو ایسے موسم میں مزید محتاط رہنے کے لیے جگہ جگہ خبردار کیا جاتا ہے۔

رام بن دریائے چناب کے کنارے واقع ہے۔ یہاں سے دائیں طرف

ایک سڑک کشتواڑ اور بھدرواہ کے زرخیز علاقے کی طرف جاتی ہے۔ ان جگہوں کے لذیذ راج ماش کس کشمیری یا پنجابی کو پسند نہیں۔ ۱۸۳۳ء میں جموں کے مشہور ڈوگرا وزیر زورآور سنگھ نے کشتواڑ کے راستے ہی جوکھم بھرے درّہ بھوتنکل کو پار کر کے لداخ فتح کر کے وہاں ڈوگرا راج کا پرچم لہرایا تھا۔ یہ الگ بات کہ اس دور دراز لداخ کو قبضہ میں رکھنا محال تھا۔ پہلے حملے کی شرائط کے مطابق وہاں کے حکمراں گیالپو اخبت محمد خاں کو پچاس ہزار روپے بطور تاوان جنگ اور بیس ہزار روپیہ سالانہ رقم اطاعت دینا تھی۔ گیالپو نے یہ رقم دینے میں جب آنا کانی کی تو چالاک ڈوگرہ وزیر اعلیٰ نے ایک دوسرے راستے سے لیہہ پر حملہ کر کے اسے گھٹنے ٹیکنے پر مجبور کر دیا۔ اس بار زورآور سنگھ نے گیالپو کو تخت سے محروم کر کے لیہہ میں اپنے لیے ایک نیا قلعہ بنوا لیا۔ اور اس طرح لداخ ہمیشہ کے لیے ریاست جموں کشمیر کا حصّہ بن گیا۔

اب جب کہ اس مشہور جرنیل زورآور سنگھ کا ذکر آ ہی گیا ہے، لداخ اور اس کے گرد کے پہاڑی علاقے کو فتح کرنے کے بعد اس نے ۱۸۴۱ء میں لداخ کو تبت سے الگ تھلگ رکھنے کے لیے اور وہاں کے مال دار پوتالا محل کو لوٹنے کی غرض سے تبت پر چڑھائی کر دی۔ لیکن مسلسل برف باری اور راستے کی دشواریوں نے زورآور سنگھ سے بھی وہی برتاؤ کیا، جو روس نے کچھ سال پیشتر یورپ میں نیپولین کے ساتھ کیا تھا۔ فرق صرف اتنا تھا کہ وہاں نیپولین کی فوجیں ہی برف و طوفان کا شکار ہوتی تھیں، یہاں تبت کی فوجوں نے جی دار لڑائی لڑی۔ وزیر زورآور سنگھ اس لڑائی میں مارا گیا۔

رام بن فوجی گیسٹ ہاؤس چناب کے کنارے پر واقع ہے۔ اس گیسٹ ہاؤس کے لان اور مخصوص نشستوں سے دریا کا پر لطف نظارہ کیا جا سکتا ہے۔

یہ ایک گھنٹہ کا خوش گوار وقفہ تھکاوٹ دور کرنے اور روحوں کو سیراب کرنے میں بہت مددگار ثابت ہوا۔ یہاں سے چلنے کے بعد بانہال، اور پھر جواہر سرنگ تک متواتر چڑھائی ہے۔ میں نے وہ زمانہ بھی دیکھا ہے جب بسوں کاروں کو موجودہ جواہر سرنگ سے تقریباً تین ہزار فٹ اور اونچی پیر پنچال کی چوٹی پار کرنے کے بعد ہی وادی کشمیر میں داخل ہونا نصیب ہوتا تھا۔ اس مزید چڑھائی میں وقت بھی لگتا تھا اور پٹرول ڈیزل بھی۔ کاروں بسوں کے انجن جب کبھی جواب دے جاتے تو پیچھے آنے والی بسوں کا لمبا تانتا لگ جاتا۔ یوں بھی تنگ سڑک ہونے کی وجہ سے ایک وقت میں صرف ایک طرف سے ہی ٹریفک آسکتا تھا۔ اور دوسری طرف سے آنے والا ٹریفک کو گھنٹوں تک روک دیا جاتا۔ جس کی وجہ سے جموں، سری نگر کی مسافت میں دو دن لگنا لازمی تھا۔ سری نگر سے آنے والی بسیں قاضی گنڈ اور جموں سے آنے والے ٹریفک کو بانہال میں رُکنا پڑتا۔ جواہر سرنگ کے بن جانے کی وجہ سے اب یہ مسافت صرف ایک دن میں پوری ہوسکتی ہے۔ اور دونوں طرف سے بہاؤ کے ٹریفک کا چلتے رہنا بھی ممکن ہوگیا ہے۔ ۱۹۵۶ء میں جب ہم پہلی بار اپنی کار سے سری نگر گئے تھے تو ہمیں جواہر سرنگ کا فیض نصیب نہ تھا، لیکن پیر پنچال کی ساڑھے نو ہزار فٹ کی بلندی بھی اپنے تئیں ایک کشش ضرور رکھتی تھی۔ مجھے یاد ہے کہ جون کے مہینے میں بھی اس بلندی پر برف کے اچھے خاصے آثار موجود تھے۔ اور ہم سب نے کار سے اتر کر ایک دوسرے پر برف کے گالے پھینکے تھے اور ہم نے ان برف کے گالوں کو تھلموں پر چڑھا کر ان پر شربت انڈیل کر چوسنے کا مزہ بھی لیا تھا۔ ویسے پیر پنچال کی برف باری اور راہ کی دشواریوں نے کرشن چندر اور رامانند ساگر کے مشہور اور یادگار افسانوں کو بھی جنم دیا ہے۔

آرمی بس کے جواہر سرنگ پار کرنے کے بعد وادیٔ کشمیر کا نظارہ ہمیشہ کی طرح

اب بھی اتنا ہی دل فریب اور روح پرور تھا۔ چڑھائی اترنے کے بعد ہمیں اپنی دائیں طرف وہ راستہ بھی دکھائی دیا جو اس شاہراہ سے کچھ ہی دُور واقع ویری ناگ کو جاتا ہے۔ اور جہاں ایک باغ کے درمیان ایک مغلیہ عمارت نے دریائے جہلم کا منبع ڈھانپ رکھا ہے۔ منبع سے نکلتے ہوئے پانی کو ایک ہی چھلانگ میں پار کر لینا ممکن ہے۔ مجھے یاد ہے کہ روہتانانگ کے پاس پر واقع بیاس کنڈ کے قریب جب کئی سال پہلے میں نے دریائے بیاس کے منبع کو ایک چھلانگ میں پار کیا تھا تو یک گونہ خوشی اور فخر کا احساس ہوا تھا کہ ہم نے ایک دریا کو ایک ہی چھلانگ میں پار کر لیا۔ سچ تو یہ ہے کہ منبعوں کے کچھ دور بعد ہی یہ ندیاں دوسرے معاونوں کی وجہ سے اتنی بڑی اور تند ہو جاتی ہیں کہ پھر انھیں اس طرح عبور کرنے کا تصور بھی محال معلوم ہوتا ہے۔ نہ جانے کیوں اس وقت اتحاد کی برکتوں کا مقولہ اپنے آپ سمجھ میں آنے لگتا ہے۔

ہم گذشتہ یادوں کو دہراتے، یاس بھری نظروں سے اس راستے کو تکتے۔ قاضی گنڈ پہنچے۔ یہاں کے مشہور انڈوں میں لپٹے پراٹھوں کا چٹخارا لیتے، اخروٹ کی لکڑی کا بنا سامان، بید مجنوں سے بنائے گئے کرکٹ بیٹ مختلف دُکانوں پر دیکھتے دِکھاتے، سفر میں اسی مقام سے گذرے جہاں داہنی طرف ایک سڑک پہلگام، امرناتھ اور کلاہی گلیشیر کی طرف نکل جاتی ہے۔ ہماری بس بائیں طرف مڑ کر سری نگر جانے والی شاہراہ کو اپنا لیتی ہے۔ یہاں سے کچھ دور ہی جہلم ندی ہمارے ساتھ ہو لیتی ہے، ایک شرمیلی، حجاب سے سکڑی ندی جو اپنے ہاں کی نہروں سے بھی چھوٹی ہے۔ سڑک کی دوسری طرف پھیلی ہوئی وادی میں گھٹنوں گھٹنوں پانی میں کھڑی، دھان لگاتی، نغمے بکھیرتی البھڑ کشمیری لڑکیاں اور عورتیں، نگاہیں جذب کر لیتی رہیں۔ یہاں سے کچھ ہی دوری پر زعفران کے کھیتوں کا علاقہ شروع ہو جاتا ہے۔

اور پھر اوانتی پور کے تاریخی کھنڈر اور آثار جو سری نگر قریب ہونے کا یقین دلانے لگتے ہیں۔ سفیدے کے لمبے ڈھلتے سایوں میں ہم سری نگر شہر سے ذرا کچھ پہلے ہی چناروں، سفیدوں اور چیل کے درختوں سے گھرے فوجی ٹرانزٹ کیمپ میں پہنچ جاتے ہیں۔ پھولدار پودوں اور جھاڑیوں کے پارکوں میں سے ہوتی، بس اپنی منزلِ مقصود پر آکر رک جاتی ہے۔ یہاں سے سری نگر شہر چھ سات کلومیٹر دور ہے۔ چند ہی منٹوں میں اودھم پور سے آنے والی دوسری بس بھی پہنچ جاتی ہے۔

میں بس سے سامان اتروانے میں لگ جاتا ہوں۔ جب کہ پریم بھائی صاحب پیک کر ریسپشن ڈیسک پر اگلی دورات ٹھہرنے کے لیے کمرے اور کرگل کی بس میں اپنی نشستیں بک کروانے کی غرض سے چل دیتے ہیں۔ تریپت اور کرشنا بھابی سامان اتارنے اور اتروانے میں میری مدد کرنے لگتی ہیں۔

اس ٹرانزٹ کیمپ میں کئی بلاک اور افسرانِ بالا کے قیام کے لیے کئی ہٹ HUT بنے ہوئے ہیں۔ سب کے سب صاف ستھرے، خوبصورت، پرکشش چاروں طرف فوجی افسروں کی چہل پہل ہے۔ مختلف جگہوں سے آرمی بسیں پہنچ رہی ہیں۔ بالکل ایسا ہی نظارہ صبح بسوں کی روانگی کے وقت بھی ہوتا ہے۔ شناسا، دوست سیلوٹ مار کر، ہاتھ ملا کر مصافحہ کر رہے ہیں۔ ایک دوسرے کی منزلِ مقصود کے بارے میں پوچھا جا رہا ہے۔ کہاں سے آ رہے ہو؟ کہاں جاؤ گے؟ چند ایک کے ساتھ فیملی بھی نظر آتی ہے۔ کچھ میدانوں سے پہاڑی مقاموں پر جانے والے، کچھ پہاڑوں سے میدانوں میں جانے والے۔ کوئی چھٹی پر جا رہا ہے، کوئی چھٹی سے لوٹ رہا ہے، کسی کا تبادلہ ہوگیا ہے، کوئی ڈیوٹی پر کہیں جا رہا ہے۔ یہ ٹرانزٹ کیمپ کسی بھی سنگم سے کم نہیں اور کشمیر بھر میں سری نگر ٹرانزٹ کیمپ سب سے بڑا اور اہم ہے!

ہمارے کمرے زنسکار بلاک میں ہیں۔ یہ نام ہمارے لیے غیر مانوس سا ہے۔

کمروں میں سامان رکھنے کے بعد ہم چاروں چائے پینے کی غرض سے میس کی طرف روانہ ہو لیتے ہیں۔ ہمارا راستہ مختلف بلاکوں میں سے گزرتا، پھلواریوں کے درمیان بنے HUTS کا احاطہ کرتا مین بلاک میں واقع میس کی طرف بڑھ جاتا ہے۔ جدھر نگاہیں اٹھاؤ، بلاک، ہٹس پر لکھے اجنبی نام پڑھنے کو ملتے ہیں: زوجیلا، سائی چن، پینا نگ، تنبرا، دراس، چوشول، لامایارو، پدم، ملنج، ہمارے ذہن زور دینے پر بھی ان ناموں سے لاعلمی قبول کرتے ہیں۔ بعد میں لداخ سے متعلقہ مختلف کتابوں کی ورق گردانی کرتے ہوئے ہم پر آشکارا ہوا کہ یہ تمام نام لداخ میں واقع پہاڑوں جگہوں، چوٹیوں، جھیلوں، دریاؤں کے تھے۔ ان کا مقصد ہندوستان کے مختلف دور دراز علاقوں سے تعلق رکھنے والے فوجیوں اور افسران کو ان ناموں سے روشناس کرانا تھا کیونکہ بعد ازاں لداخ کی مختلف چوکیوں، چھاؤنیوں میں رہتے ہوئے ایسے ناموں سے واقفیت بے حد ضروری تھی۔ ہمیں بھی اس طریقۂ کار کی اہمیت اور سودمندی کا احساس لداخ پہنچ کر ہوا۔

سری نگر ہم سب کا اچھی طرح سے دیکھا بھالا ہوا تھا۔ اگلا روز دوستوں سے ملنے میں گزرا، جس میں ریڈیو اسٹیشن کے ڈائریکٹر رتن سنگھ اور دوردرشن کے ڈائریکٹر منظر امام شامل تھے۔ ان دونوں سے کئی سالوں کی پرانی ملاقات تھی۔

رتن سنگھ نے لیہہ ریڈیو اسٹیشن کی محترمہ الگ مو سے ملاقات کا مشورہ دیا چونکہ محترمہ کا تعلق لداخ ہی سے تھا۔ ان کے توسط سے لداخ کے کلچر اور مقامات کے بارے میں بہت سی معلومات مل سکتی تھیں۔ محترمہ جبل پور ریڈیو اسٹیشن پر بھی رتن سنگھ کے عملے میں تھیں۔ منظر امام صاحب سے میری ملاقات کئی سال ہوئے سہیل عظیم آبادی صاحب کے ساتھ پٹنہ ریڈیو اسٹیشن پر ہوئی تھی اور جب سے انہیں کلکتہ، لکھنؤ، دہلی وغیرہ میں ملنے کے موقعے ملتے رہے۔ ہم سب نے مل کر

ان دوستوں کے ساتھ بہت ہی خوش گوار وقت گزارا۔

شام کو ڈنر کے بعد ہم لوگ اپنے کمروں میں لوٹے ہی تھے کہ دروازے پر زور زور سے دستک ہوئی۔ دروازہ کھولا تو خاکی وردی میں ملبوس ایک فوجی حوالدار کھڑا تھا۔ اس نے ہمیں دیکھتے ہی ایک چست فوجی سیلوٹ داغ دی اور پھر اس نے تامل ناڈو کے لہجے میں ہندوستانی بولتے ہوئے اپنا تعارف کرایا۔ وہ حوالدار راجن تھا۔

"سر، ہم آپ کے لیے "جونگا" لایا ہے۔ ہمارے سی او کرنل صاحب نے آپ کو سلام بولا ہے! کل صبح سات بجے یہاں سے مارچ کرے گا۔ آپ صبح ٹائم سے تیار رہیے گا۔"

مجھے یقین تھا حوالدار راجن کو کوئی غلط فہمی ہو رہی ہے۔

"کون کرنل صاحب؟" پریم بھائی صاحب نے پوچھا۔

"کرنل بہل! میجر سنیل بھوٹانی صاحب کے سی۔ او!" اب کوئی بھی غلطی کا امکان نہ تھا۔

"بھئی ——— یہ تو بہت اچھا ہے! ——— لیکن یہ جونگا بھیجنے کی کیا ضرورت تھی!"

"سر، سی۔ او صاحب کا جونگا، یہاں REPAIR کے لیے آیا تھا۔ آج تیار ہونے پر کرگل فون کیا تو بہل صاحب نے آپ کو لانے کا آرڈر دیا ہے!"

"ارے بھئی! وہ آرمی بس میں ہماری سیٹیں ریزرو ہیں نا..."

"میں نے کینسل کرا دی ہیں!" میں اس کی چستی اور دور اندیشی کی داد دیے بنا نہ رہ سکا۔

"اور وہ ہمارے پرمٹ وغیرہ..." پریم بھائی صاحب نے سوال کیا۔

"وہ سب ہمارے پاس ہیں!" جو لدار راجن نے چاروں طرف سے ناکہ بندی کردی تھی!۔۔۔۔ اس کی زد سے بھاگنے کی کوئی گنجائش نہ تھی۔

"آج صبح سات بجے۔ ۔ ۔"

"آپ ناشتے کی فکر نہ کریں۔ جونگے میں سب سامان موجود رہے گا۔۔۔۔ ویسے آپ کے آرڈر کیے چار ناشتے پیک کروا کر میں لیتا آؤں گا۔ آپ میجر صاحب کے نہیں، ہمارے یونٹ کے گیسٹ ہیں۔"

لداخ کی فوجی شائستگی اور کارگزاری سے یہ ہماری پہلی ملاقات تھی۔

زوجیلا کے اس پار

کچھ نام اور لفظ ایسے ہوتے ہیں، جن سے بعض یادیں اس طرح وابستہ ہو جاتی ہیں کہ ان کا ذکر آتے ہی معاً تازہ ہو جاتی ہیں۔ ایسا ایک نام حولدار راجن کا تھا۔

راجن کے چلے جانے کے بعد کمرے کا دروازہ بند کرتے ہوئے پریم بھائی صاحب کے منہ سے "ہے راجن" کچھ اس انداز سے نکلا کہ بچپن میں پڑھی گیا، رٹی ہوئی جسونت سنگھ ورما ٹوہانوی آریہ سنگیت رامائن کے مکالمے بے اختیار زبان پر آنے لگے۔ پھر کیا تھا، جہاں رشی وششٹ کا ڈائلاگ ختم ہوتا، میں راجہ دشرتھ بن کر

اسے آگے بڑھا دیتا اور ہماری بیویاں ہنسی کے مارے لوٹ پوٹ ہو جائیں !
دراصل جسونت سنگھ کی لکھی ہوئی منظوم رامائن اور مہابھارت آغا حشر کاشمیری کے ناٹکیہ انداز میں تھی۔ اس میں ردیف قافیوں کی بھرمار تھی۔ لفظ لہروں کی طرح ڈوبتے ابھرتے ہیں۔ ہمارے بچپن کا زمانہ آغا حشر کا یادگار زمانہ تھا اور ہم نے مدن تھیٹرز اور کارنتھین تھیٹرز کی طرف سے پیش کیا گیا۔ ان کا ہر ڈرامہ بڑے ذوق و شوق سے دیکھا تھا۔ آغا حشر کے اکثر مکالمے ہمیں آج بھی یاد ہیں۔ جیسے "جوں ہی گھڑی نے بارہ بجائے، بیگم نے میرے گال پر ایک جمایا !، یا جسونت سنگھ لوٹھالوی کی رامائن میں جہاں راون کے بھائی کھر اور دوکھن ایک دوسرے کو مخاطب کرتے ہوئے کہتے ہیں "ارے بھائی کھر!" تو دوسرا چستی سے جواب دیتا ہے "یس ڈیر سر!" اب بچپن میں ایسے مکالمے تواتر بر ہول گے ہی، جہاں لفظوں کی موسیقیت جھنکار پیدا کرتی ہو اور ان کے مناسب نشست و برخاست کے ساتھ مزاج بھی وابستہ ہو۔ اب اسی کو ہی لیجیے ناکہ راون کی لنکا میں اشوک باٹکا کے باہر جو کسی کرتا ہوا پہریدار ہنومان جی کو خالص برٹش ٹامی انداز میں للکارتا ہے" ہالٹ ! ہو کمز دیئر ——— (HALT ! WHO COMES THERE) آج بھی جب کبھی ہم بھائی مل بیٹھتے ہیں تو جسونت سنگھ کی رامائن کا اچھا خاصہ ریہرسل ہو جاتا ہے۔

مجھے اب تک یاد ہے کہ تقریباً تین دہائیاں پہلے مجھے ایک بار لوٹھا نے جانے کا اتفاق ہوا تھا۔ جسونت سنگھ سے ملنے کی خواہش مجھ پر اس قدر غالب تھی کہ میں نے آدھا دن اسے کھوجنے میں صرف کیا تھا۔ اسے کھوجتے کھوجتے میں اس پبلشر تک جا پہنچا، جس نے جسونت سنگھ سے اونے پونے داموں میں اس رامائن اور مہابھارت کے جملہ حقوق خرید لیے تھے اور اس نے ان کتابوں کے آٹھ دس ایڈیشن بیچ ڈالے تھے۔ اس سے معلوم ہوا کہ جسونت سنگھ

کے آخری دن بڑی تنگدستی میں گزرے تھے اور وہ عرصہ ہوا، نیم پاگل ہو کر پرلوک سدھار گئے۔ تھے ممکن ہے آپ یقین نہ کریں مگر مجھے اچانک ایسے محسوس ہوا تھا جیسے کوئی میرا سنگی ساتھی مجھ سے بچھڑ گیا تھا۔

اگلی صبح ٹھیک سات بجے حولدار راجن ہمارے کمرے کا دروازہ کھٹکھٹا رہا تھا ہمارا بندھا ہوا سامان دیکھ کر اس کے چہرے پر اطمینان کے آثار نمودار ہوئے "صاحب! آپ سب تو تیار ہیں!" گویا ہماری تیاری اس کے لیے غیر متوقع ہو۔ وہ اپنے ساتھ ایک چھوٹا دو ٹن کا ٹرک بھی لایا تھا۔ اس نے ٹرک اور جونگے کے ڈرائیوروں کی مدد سے سامان ٹرک میں لگوا دیا۔ جب میں نے ٹرک کے بارے میں پوچھا تو حولدار راجن نے بتایا کہ وہ ہر ہفتے ٹرک لے کر یونٹ کے لیے سبزیاں پھل، ڈبل روٹی، اور دیگر ضروری سامان خریدنے سری نگر بھیجا جاتا تھا۔ اس نے اپنے اندازے سے جونگے میں ساتھ رکھے جانے والا وہ سامان خود بخود چھانٹ لیا تھا جس کی ضرورت ہمیں سفر کے دوران پڑ سکتی تھی۔ یہ یقینی طور پر اس کی اپنی سوجھ بوجھ اور تربیت کا نتیجہ تھا۔

"راستے میں کسی اور چیز کی ضرورت تو نہ ہوگی میم صاحب!" اس نے کرشنا بھابھی اور ترپت سے استفسار کیا اور پیشتر وہ کچھ کہتیں، اس نے اطمینان دلاتے ہوئے کہا۔

"یہ سامان والا ٹرک تو ہمارے ساتھ ہی رہے گا۔"

جونگے میں ضرورت کی ہر چیز موجود تھی۔ ٹارچ تھرموس، گلاس، چائے، چینی، پاؤڈر، دودھ کا ڈبہ، سوڈا، اسٹوو، ماچس وغیرہ بھی کہیں نہ کہیں ضرور موجود ہوں گے۔ ایک جگہ سیٹ کے قریب ہی فیلڈ گلاسز بھی لٹکے تھے تاکہ ضرورت پڑنے پر دشمن کی نقل و حرکت پر نگاہ رکھی جا سکے یا پھر قدرتی نظاروں کو ان کی زد میں لاکر

ان کا پورا لطف اٹھایا جا سکے دیہ مصرف تو میرے دماغ ہی کی پیداوار تھا، یہ جونگا فوج کے کمانڈر کی آماجگاہ کے لیے مکمل طور سے لیس تھا۔

دس منٹ کے اندر ہمارے جونگے اور ٹرک کا چھوٹا سا قافلہ ڈل جھیل کا احاطہ کرتی سڑک پر گامزن تھا۔ شنکر آچاریہ کی چوٹی کا دلفریب عکس جھیل میں ہلکورے لیتا غائب ہو چکا تھا۔ چشمہ شاہی، پیلس ہوٹل، جزیرہ پر بسا نہرو باغ بھی ایک ایک کر کے آنکھوں سے اوجھل ہوتے جا رہے تھے۔ اور پھر سڑک شالیمار اور نشاط باغوں کے پاس سے گھوم کر گنگن اور سون مرگ کی طرف مڑ گئی

اگرچہ گزشتہ موقعوں پر ہم کار سے وادی کشمیر میں خوب گھومے پھرے تھے لیکن سون مرگ کی طرف جانے کا ہمارا پہلا اتفاق تھا۔ یہ راستہ بھی اتنا ہی ہرا بھرا، درختوں سے سجا، مسحور کن تھا۔ مخالف سمت سے گلیشرز سے پگھلتا پانی ہمارا ہم سفر تھا۔ ہوا اتنی ہی صاف، چینلوں کی خوشبوؤں میں بسی تھی جو وادی کشمیر کا ٹریڈ مارک بن چکی ہے۔ جونگے میں بیٹھے ناشتہ کرنے کے بعد اس مدھ ماتی ہوا میں خواتین اونگھنے لگیں۔ پریم بھائی صاحب اور میں اسی طرح چاق و چوبند جونگے کی کھڑکیوں میں سے پھیلتے نظاروں کا لطف اٹھا رہے تھے۔ ہمارے آگے ایک سامان بردار ٹرک جا رہا تھا۔ یوں تو ہر ٹرک پر ہی طرح طرح کے تحریریں ملتی ہیں جیسے، پھر ملیں گے، ٹاٹا، بائی بائی، اور کبھی کبھی دلچسپ جملے جیسے، نظر بد دور، نظر لگانے والا تیرا منہ کالا،! اور کبھی کبھار دلچسپ اشعار وزن میں یا وزن سے عاری۔

کسی کی جستجو اور اس قدر وارفتگی میری
کہ جب منزل پہ پہنچا، مجھ سے منزل چھٹ گئی میری

یا

زندگی اک مسلسل سفر ہے
منزل پر پہنچا تو منزل بڑھا دی

لیکن اس بار ہمیں ایک نئی اور انوکھی تحریر نے چونکا دیا۔ ٹرک کی پشت پر بڑے فخر سے لکھا تھا۔ "دیکھو! جنگل کا شیر جا رہا ہے۔"

نہ جانے یہ بات پریم بھائی صاحب اور میرے ذہن میں ایک ساتھ کیسے اُبھری۔ جوں ہی ہمارے جونگے نے اس ٹرک کو کراس کیا تو پریم بھائی صاحب اور میں دونوں اپنی اپنی کھڑکیوں میں سے سر نکال کر اس زور سے دہاڑے کہ وہ شیر ٹرک کا ڈرائیور ایک لمحہ کے لیے بالکل حواس باختہ ہو گیا۔ ہماری 'دہاڑ' کی آواز سُن کر خواتین کا ہڑبڑا کر اُٹھ بیٹھنا بالکل فطری تھا۔ ادھر حولدار راجن، ہمارا ڈرائیور اور ہم خود اپنی اس حرکت پر بے تحاشہ ہنس رہے تھے۔ جب خواتین کو ماجرا بتایا گیا تو ایک لمبے عرصے تک ہمارا جونگا قہقہوں سے گونجتا رہا۔ ہمارے تحت الشعور میں شرارت کس طرح سے بسی ہوئی تھی، ہمیں اس سے پہلے اس کا یقین نہ تھا۔

سون مرگ کا نام شاید سونے کی طرح دمکتی چراگاہوں کے اعتبار سے رکھا گیا ہے۔ پہاڑوں کی ڈھلانوں پر سورج کی سنہری روشنی میں یہ گھاس سونے کا رنگ و روپ بخشتی ہے۔ بکریاں بھیڑوں کے ریوڑ ان ڈھلانوں کو دُور دُور تک آباد کیے ہوئے تھے۔ ان پہاڑوں کی بلندیوں پر پھیلے ہوئے گلیشروں سے رِستا پانی ان ڈھلانوں کو سیراب کرتا رہتا ہے اور ان پر اُگی گھاس زمانہ قدیم سے خانہ بدوش بکروال قبیلوں اور ان کے ریوڑوں کے لیے باعث کشش رہی ہے۔ پہاڑوں کے اس سلسلے کی پشت پر امرناتھ کی مشہور گپھا ہے جہاں راکھی کی پورنیما کو ملک بھر سے ہزاروں یاتری اس گپھا میں برف سے بنے شولنگ کے درشن کرنے جاتے ہیں۔ امرناتھ یاترا کا راستہ تو پہلگام سے پنج ترنی ہو کر جاتا ہے۔ اتنے کثیر ہجوم

کی وجہ سے شولنگ تو بعض مرتبہ پگھل کر، آثار قدیمہ، بن کر رہ جاتا ہے اور دیکھنے والوں کو اکثر مایوسی کا سامنا کرنا پڑتا ہے۔ اسی لیے کچھ لوگ راکھی سے پہلے والی پورنماشی پہنچنا پسند کرتے ہیں تاکہ انھیں اس نظارے کا صحیح لطف حاصل ہو سکے لیکن اس صورت میں انھیں حکومتِ کشمیر کی طرف سے یاترا کے دوران دی گئی سہولیات سے محروم رہنا پڑتا ہے۔ پہلگام سے امرناتھ آنے جانے کے لیے پانچ چھ روز درکار ہیں۔ سون مرگ سے ایک اور نزدیکی راستہ ہے جس سے یہ سفر صرف دو روز میں طے ہو سکتا ہے۔ لیکن یہ راستہ تنگ اور پرخطر ہے اور اس کا بیشتر حصہ فوج کی تحویل میں ہے۔ اس لیے عموماً فوجی یا ان کے خاص مہمان ہی اس راستے کا فیض اٹھا سکتے ہیں۔ حالات معمول پر آنے کے بعد شاید حکومت کشمیر اس راستے پر زیادہ توجہ دے سکے۔

ہمارے جونگے اور ٹرک کا مختصر قافلہ سون مرگ پر رُکا اور ایک لمبے قافلے کا حصہ بن گیا کیوں کہ سارا ٹریفک گیٹ، کھلنے کا انتظار کر رہا تھا۔ سون مرگ سے زوجیلا کی پہاڑیوں کا سلسلہ شروع ہو جاتا ہے اور ان بلند پہاڑیوں کو کاٹ کر دو ہا گار سڑک بنائی گئی ہے جو لداخ کے لیے اب شہ رگ کا کام دیتی ہے۔ یہ راستہ بہت تنگ اور دشوار ہے جس کی وجہ سے صرف ایک جانب سے آتا ہوا ٹریفک ہی گزر سکتا ہے۔ اور پھر سڑک کی مرمت اور بحالی کا کام لگاتار ہوتا رہتا ہے۔

عموماً کسی بھی پہاڑی قصبے میں سڑک کے دونوں طرف دکانیں ہی بازار کا کام دیتی ہیں لیکن اتفاق سے یہاں کا بیشتر بازار سڑک کے ایک کنارے ہی بسا ہوا ہے کیوں کہ دوسری طرف دور تک پھیلی ہوئی میدان نما ڈھلانیں ہیں جہاں سیاحوں کے لیے دو منزلہ کاٹیج بنے ہوئے ہیں۔ ان ڈھلانوں کی آغوش میں بیٹھ کر دُور دور وادیوں اور پہاڑوں کا پھیلا دلفریب منظر ہے۔ یہاں سے خچر اور گھوڑے سیاحوں کو مختلف گلیشروں کی طرف لے جاتے ہیں۔ سڑک کی اس طرف ہموار ی

پر لمبے چوڑے لان میں محکمہ سیاحت کی طرف سے خوب صورت ریسٹورنٹ واقع ہے۔ جو یہاں کے قدرتی نظاروں میں سدِراہ نہیں ہوتا
ہم ان دلفریب قدرتی مرغزاروں کو دیکھنے کی نیت سے کھلی چڑھائیوں کی طرف بڑھ گئے جب کہ خواتین اپنی طبع سیری کے لیے بازار کی مختلف دکانوں میں گھس گئیں۔ نہ جانے وہ کیا کشش ہے جو خواتین کو جیب میں پیسے ہوں یا نہ ہوں، خریداری کی طرف مائل کرتی ہے۔ اس میں تو مجھے فطرت کا راز چھپا معلوم ہوتا ہے۔ بلکہ کشش کا تو ہر کوئی قائل ہے لیکن عورتوں کو تو کوڑیاں، منکے، نگینے اور مالائیں بھی اسی طرح سے کھینچتی ہیں جیسے شہد مکھیوں کو۔ بہر حال پریم بھائی صاحب اور میں ان نظاروں کو کیمرہ بند کرتے اور کسی آئندہ چھٹیوں میں یہاں کی سیاحت کا پروگرام بناتے رہے جب کہ خواتین پتھروں اور مالاؤں سے دل بہلاتی رہیں۔ ہمارے ذہن تو یادوں کو تخیل میں بسائے موجودہ سفر کی حقیقتوں کی طرف لوٹ آئے اور خواتین ان رنگ دار پتھروں اور مالاؤں کو اپنے پرسوں میں اڑستی، خوشی سے چہکتی واپس آئیں۔ ایک تلخ حقیقت تو یہ بھی تھی کہ گھر سے پسینے سے کمائے ہوئے چار پانچ سو روپے اس خریداری کی نذر ہو چکے تھے۔ پریم بھائی صاحب کا مقولہ تھا کہ مایا آنے جانے کے لیے ہی بنی ہے جب کہ میں غریب مایا کے آنے سے تو نہیں لیکن جانے سے ضرور واقف تھا۔

کھانا کھانے کے بعد ہم جونگے میں لوٹے ہی تھے کہ گیٹ کھل گیا۔ ملٹری جیپوں اور جونگوں کو ٹرکوں بسوں پر فوقیت دی گئی۔ اب ہم زوجیلا سلسلے کی بلندیوں کی طرف ایک تنگ اور بڑکھابڑ سڑک پر روانہ ہو گئے۔ ہر موڑ کے ساتھ کھڈیں گہری اور خوفناک ہوتی جا رہی تھیں۔ ان گہرائیوں کو پار کرتے ہوئے دور کھڈوں میں فاصلوں پر لگے کھمبوں کے سہارے ڈوبتی، جھکتی تاریں بھی نظر آ رہی تھیں۔

نہ جانے کس حوصلے اور ہمت کے ساتھ یہ کھمبے ان نشیبوں کے سینے میں پیوست کیئے گئے تھے۔ اس کا اندازہ لگاتے ہوئے ان جوانمرد لوگوں کی ہمت کی داد دینا پڑتی تھی۔ ان سنگلاخ پہاڑوں کے سینوں کو چیرتے چیرتے کتنی جانیں قربان ہوئی ہوں گی، کتنا ساز و سامان ٹرک اور بل ڈوزر ان کھڈوں میں گرے ہوں گے۔ سڑک پر جگہ جگہ پھسلتی چٹانوں اور پانی کے ریلوں کے حملوں کا اثر دکھائی دے رہا تھا۔ قدرت اور انسان میں یہ جنگ ہر وقت لڑی جا رہی تھی۔
جگہ جگہ مزدوروں کی ٹولیاں، بل ڈوزر، کرین، روڈ رولر، ڈمپر، گریڈر اور دیگر میکانکی دیو اپنی گڑگڑاہٹ کے ساتھ اس جنگ میں تندہی سے شریک تھے۔ یخ بستہ تیز ہواؤں میں، ان اونچائیوں پر جہاں سانس لینا بھی محال ہو جاتا ہے۔ برستے پانی میں پھسلتی چٹانوں کی زد میں یہ بلند ہمت مزدور اور بورڈر روڈز آرگنائزیشن کے جوان، اپنی جانوں پر کھیل کر سڑک کو ہر وقت بحال رکھ کر، پاکستانی، چینی محاذوں پر فوجیوں کو کمک، رسد، پٹرول اور ہتھیار پہنچا رہے تھے۔ چوں کہ یہ سڑک سردیوں میں برفباری کی وجہ سے ناچار بند ہو جاتی ہے۔ اس لیے ٹرکوں کے ان گنت قافلے سڑک کھلے رہنے کے دوران، فوجوں کے علاوہ لداخ اور زوجیلا پار کے دور دراز علاقوں میں سامانِ حیات مہیا کرنے میں جٹے رہتے ہیں تاکہ باربرداری کے سلسلے منقطع ہونے پر بھی یہاں زندگی کا خون گردش کرتا رہے۔
اس غیر ہموار سڑک پر ہچکولے کھاتا جونگا اچانک ایک موڑ پر آ کر رک گیا۔ دیکھتے دیکھتے حوالدار راجن اور ہمارے ڈرائیور جونگے اور ٹرک سے اتر کر اس موڑ پر بنی ایک سمادھی نما چبوترے کے سامنے کھڑے ہو گئے۔ انہوں نے فوجی طریقے سے اس سمادھی کو سیلوٹ کیا۔ ہم میں سے ہر کوئی اس اظہارِ عقیدت سے بے حد متاثر تھا۔ پوچھنے پر پتہ چلا کہ یہ میموریل بہادر کپتان ایچ۔ سی۔ وڈیرا کی یاد میں بنایا

گیا تھا، جو اس جوکھم بھری سڑک کو بنانے کے لیے ذمہ دار تھا اور اسے بنانے میں خود ایک حادثہ کا شکار ہو گیا۔ ہم نے اچانک دیکھا کہ ہمارے پیچھے آ لیے والی ہر گاڑی اور ٹرک کا ڈرائیور چاہے وہ گاڑی سول تھی یا فوجی، اس سمادھی کو اپنا اپنا نذرانہ عقیدت پیش کر رہا تھا۔ ایک طرح سے یہ مقام ایک تیرتھ بن چکا تھا۔ ہم سب نے بھی اس سڑک کے بنانے والے شہیدوں کے احترام میں سجدہ کیا اور پھر ہم واپس اپنی اپنی گاڑیوں میں جا بیٹھے اس جگہ کو کیپٹن موڑ، کا نام دیا گیا ہے۔

کیپٹن موڑ سے چند ہی منٹوں کی مسافت کے بعد سڑک دونوں طرف برف سے ڈھکے پہاڑوں کے بیچ پہنچ گئی۔ یہ درّہ زوجیلہ ہے۔ وادی کشمیر اور لداخ کی سرحد پر فیلے پہاڑوں سے گھرا روح پرور منظر! سڑک کے دونوں کناروں پر برف کی چٹانیں اور تودے دعوتِ نظارہ دے رہے تھے۔ ان تودوں سے رستا پانی نالی کی شکل میں سڑک کے ساتھ ساتھ بہہ رہا تھا۔

جونگا ایک بار پھر رک گیا۔ ہمارے ڈرائیور نے اچھل کر انجن کا بونٹ اٹھا دیا۔ حولدار راجن اور ڈرائیور کے چہرے ایک عجیب خوشی اور جوش سے تمتما رہے تھے۔ راجن نے پھرتی سے سوڈے اور دیگر ڈرنکس کی بوتلیں جونگے میں سے نکالیں اور انہیں برف میں دبا دیا۔ وہ دونوں گنگنا رہے تھے۔ ہم بھی جونگے سے اتر کر زوجیلا کے خوب صورت نظاروں کا لطف اٹھانے کے لیے چل دیے۔ راجن برف چوس رہا تھا جب کہ ڈرائیور نے کیچڑ بھرے جونگے کو نہلانا شروع کر دیا۔

آسمان صاف تھا اور سورج کی کرنیں نوکیلے پہاڑوں پر پڑی کنواری برف کو جگمگا رہی تھیں۔ ہوا میں ایک خوشگوار ٹھنڈک تھی۔ ان اونچے پہاڑوں میں گھرا ہوا انسان بالکل حقیر معلوم ہو رہا تھا۔ کہتے ہیں برفانی نظارے دنیا کے گناہوں کو دھو ڈالتے ہیں۔ ایک ایسا ہی پاکیزہ احساس ہم نے اپنی رگوں میں سرایت کرتا

محسوس کیا۔ جی میں آتا تھا کہ ہم ان نظاروں کو دیکھتے ہی رہیں۔ کافی چہل قدمی کے بعد ہم واپس جونگے کے پاس لوٹے تو ہلکے ناشتے کے ساتھ برف میں لگی بوتلیں اور بیر ہماری منتظر تھی۔ حولدار راجن ہمیں بتا رہا تھا۔

"صاحب! آج تو بالا جی بہت خوش ہے۔ آج تو تیز ہوائیں بھی نہیں چل رہی ہیں ورنہ تھوڑی سی ہوا چلنے پر بھی یہاں بہت ٹھنڈک ہو جاتی ہے۔" اور پھر وہ اس . . . تصور سے ہی ٹھٹھرنے لگا۔

لداخی زبان میں 'لا' کا مطلب درّہ ہے اور 'داخ' کے معنی ہیں کئی۔ اس لحاظ سے لداخ کئی درّوں کا دیش ہے۔ چاہے آپ وادی کشمیر سے آئیں یا تبت سے، ہماچل کے لاہول سپیتی سے یا وسط ایشیا یا افغانستان سے، لداخ داخل ہونے کے لیے آپ کو کوئی نہ کوئی درہ تو عبور کرنا ہی ہوگا۔ اس لحاظ سے اس ملک کے تحفظ کے لیے درّوں کی اہمیت اولین ہے۔ یہاں ہندوستان کی سرحد چار ملکوں کے ساتھ مشترکہ ہے۔ یہ ملک ہیں چین، روس، پاکستان اور افغانستان۔ اس لیے کچھ عجیب نہیں کہ فوجی نقطۂ نگاہ سے لداخ کی بے حد اہمیت ہے اور ان سرحدوں پر ہماری فوجوں کی موجودگی ضروری ہے۔

زوجیلا پار کرتے ہی سبزہ غائب ہو جاتا ہے اور ننگے، عریاں پہاڑوں کے سلسلے شروع ہو جاتے ہیں۔ درخت اور جھاڑیاں برائے نام ملتی رہیں۔ دراس پہنچتے ہی سون مرگ کی طرح ہی ٹرکوں بسوں جیپوں کے قافلے ادھر سے، گیٹ، کھلنے کے انتظار میں ملتے ہیں۔ دراس، زوجیلا کی برفوں سے پگھلے پانی، دراس ندی کے کنارے واقع ہے اور اسے ایک اور نزدیکی گاؤں میتان کے ساتھ ایشیا کے سب سے ٹھنڈے مقام ہونے کا شرف حاصل ہے۔ سردیوں میں یہاں اوسط درجہ حرارت منفی پندرہ ڈگری رہتا ہے۔ اس کی وجہ تنگ درہ زوجیلا سے آنے والی تند

برفانی ہوائیں ہیں۔ جو ایک چھوٹے سے دہانے سے نکل کر یک دم کشادہ جگہ پاکر پھیل جاتی ہیں۔ یہ سائنس کا جانا مانا اصول ہے کہ تنگ دہانے سے نکلی ہوئی زیر دباؤ ہوا مزید ٹھنڈک پیدا کرتی ہے۔

یہاں پہنچنے پر دن کی گرمی میں اس جگہ کے اس قدر ٹھنڈا ہونے کا گمان تک نہیں ہوا۔ اس کی وجہ آسمانی کرہ میں ذرّوں سے پاک ہوا ہے جو سورج کی شعاعوں کو بلا روک ٹوک آنے دیتی ہے اور یہ عمودی گرم شعاعیں دن میں گرمی کا احساس دلاتی ہیں۔ جب کہ سورج غائب ہوتے ہی تھپیڑوں کی ٹھنڈک اس خطہ کو محیط کر لیتی ہے جو لداخ ہمیں قدرت کے ان رازوں سے آگاہ کرتا جا رہا تھا۔

دراس سے تیس بتیس کلو میٹر جانے پر ہمیں سامنے سے آتا ایک جونگا دکھائی دیا جو ہمارے پہنچتے پہنچتے رک گیا اور ہمیں دیکھ کر سخت حیرانی ہوئی کہ اس میں سے اشما ہماری بیٹی، سنیل ہمارا داماد اور دونوں بچے روہن اور امن اتر رہے تھے۔ ان کے ساتھ ایک اور فوجی افسر تھا۔ سب لوگ ہم سے بغل گیر ہوئے۔ یہ سب لوگ ہمارے سواگت کے لیے کرگل سے آئے تھے۔ سنیل نے اس فوجی افسر۔ ۔ ۔ ۔ ۔ کا تعارف کراتے ہوئے کہا ــــــ "یہ ہیں کرنل بہل ــــ ہمارے یونٹ کے کمانڈر"

"ہمارا یونٹ آپ کا دلی سواگت کرتا ہے آپ میجر سنیل کے نہیں، ہمارے یونٹ کے مہمان ہیں۔" اور وہ ہمیں سڑک کے ساتھ لگے ہوئے شامیانہ میں لے گئے جہاں ایک ٹیلے پر کرسیاں اور دریاں بچھی تھیں۔ چائے کا سامان ہمارا منتظر تھا اور پاس سے ہی گرم گرم سموسوں اور پکوڑیاں تلنے کی خوشبو آرہی تھی۔

"ہم اپنے یونٹ کے مہمانوں کا اسی جگہ کھریو میں خیر مقدم کرتے ہیں۔" ہم سب کرنل بہل اور اس اعزازی سواگت سے بے حد متاثر تھے۔
سنیل نے ہمیں بتایا کہ سری نگر سے روانگی کے بعد راستے کی ہر چوکی انھیں وہاں سے گزرنے کے بارے میں باخبر رکھتی رہی تھی اور اسی وجہ سے انھوں نے کھربو میں اپنی آمد کا وقت ہمارے پہنچنے کے وقت کے ساتھ تعین کیا تھا۔
کرگل اب یہاں سے تقریباً ۲۰ کلومیٹر دور تھا۔
یہ فوجی کارگزاری سے ہماری دوسری ملاقات تھی۔

کرگل

کچن میں مٹی کے تیل سے جلائی گئی بھٹی اور اس کی مدد سے کمرے میں پائپوں کا پھیلا ہوا جال، کسی مرکزی ایئر کنڈیشننگ سسٹم سے کم نہ تھا۔ اس لیے جب صبح آنکھ کھلی تو یہ گمان بھی نہ ہوا کہ ہم نے یہ رات کرگل کی ساڑھے نو ہزار فٹ کی بلندی پر گزاری تھی۔ جب کہ عام پہاڑی مقامات کی بلندی چھ سات ہزار فٹ ہوتی ہے۔ کمرے مقامی پتھروں اور مٹی گارے کے بنے تھے۔ دیواریں بھی کسی عام گاؤں جیسی لپی پتی تھیں۔ فرش بھی ویسا ہی تھا۔ اگرچہ اس پر ٹاٹ، نمدے اور قالین بچھے تھے۔

سنیل نے ہمیں بتایا کہ نان فیملی اسٹیشن ہونے کی وجہ سے پریواروں کے لئے یہاں کسی مستقل رہائش کا انتظام نہیں۔ فوجی جوانوں اور افسروں نے ذاتی اور باہمی امداد سے اپنے بل بوتے پر کچھ گھر نما ڈھانچے بنا لیے تھے۔ جو فوجی افسران تبادلہ ہونے کی صورت میں نئے آنے والے ضرورت مند فوجی افسروں کو مناسب داموں پر بیچ دیتے ہیں۔ سنیل نے ہماری آمد کی وجہ سے ایک تیسرے کمرے کا اضافہ کیا تھا۔ جو اس نے اپنے محافظ سپاہی BATMAN اور خود اپنی محنت سے تیار کیا تھا۔ کمرہ بنانے میں مسترد فوجی سامان اور کوڑا کباڑ کا خوش اسلوبی سے استعمال کیا گیا تھا۔ مجھے فوراً اس تجریدی آرٹ کا خیال جو صرف کباڑ کے خام مواد کا ہی استعمال کرتا ہے۔ مجھے یقین سا ہونے لگا کہ تجریدی SCRAP اسکریپ آرٹ کسی فوجی ذہن کی پیداوار ہوگا۔ جو اپنی حسن جمالیات یا کسی ضرورت کی تسکین کو عمل میں لانے کی صورت میں ظہور میں آیا ہوگا۔ ان کمروں میں بجلی بھی مہیا تھی اور جیسے میں نے ذکر کیا، کمروں کو گرم رکھنے کے لیے پائپوں کا پھیلا ہوا جال بھی۔ فوجی ماحول کو اپنی ضرورتوں کے مطابق ڈھالنے کے لیے مشہور ہیں۔ اور پھر کہاوت: ضرورت ایجاد کی ماں ہے۔ کسی بے کار ذہن کی پیداوار ہرگز نہیں ہو سکتی۔

کچھ ہی دیر میں سنیل کا BATMAN ناشتہ لے کر آ گیا۔ ناشتہ قریبی میس میں تیار ہوا تھا۔ اور اس میں سب کچھ موجود تھا جو ناشتہ کے لوازمات ہوا کرتے ہیں۔ میس فوجی زندگی کی ایک اہم کڑی ہے، جہاں مشترکہ کھانے پینے کے علاوہ مل بیٹھنے اور تفریح کے مواقع ملتے ہیں۔ یوں سمجھیے کہ اگر بیرک یا گھر بیڈ روم تھے تو میس، ڈرائنگ اور ڈائننگ روم اگرچہ ناشتہ اور شام کی چائے گھروں میں لی جا سکتی تھی، لیکن دونوں وقت کے کھانے کے لیے میس پہنچنا ضروری تھا۔

ناشتے کے بعد جب ہم نے کھڑکی سے نگاہ ڈالی تو ہمیں اکثر جوان قریب میں واقع یونٹ کے مندر میں جاتے دکھائی دیے۔ شاید اسے مندر کہنا جائز نہ ہوگا کیونکہ یہ مندر سے زیادہ سبھی مذاہب کی عبادت گاہ تھی۔ اس کے ہال میں ہر عقیدے اور ہر مذہب کی پیروی کرنے والوں کا انتظام تھا۔ جہاں ایک طرف مریم اور عیسیٰ کا بت اور کراس تھا، وہیں دوسرے گوشے میں گورو گرنتھ صاحب رکھا تھا۔ اسی طرح مسلمان بھائیوں کے لیے قرآن شریف اور ہندو جوانوں کے لیے رام، کرشن، ہنومان اور شیو جی کی مورتیاں اور تصویریں تھیں۔ یہ عبادت گاہ تمام مذاہب اور عقائد کا سنگم تھی، جہاں ہر کوئی خاموشی سے جاپ اور دعا کر سکتا تھا۔ فوج میں ایسی عبادت گاہ کا بے حد احترام کیا جاتا ہے۔ رات کو یونٹ میں داخل ہونے سے پہلے سنیل ہمیں برگیڈ عبادت گاہ میں لے گیا تھا اور ہم سب نے وہاں حاضری دی تھی۔ ہر مذہب کا احترام فوج کا بنیادی اصول ہے۔ اور ہر فوجی جوان اس افسر کی عزت کرتا ہے جو مذہبی عقیدوں کا احترام کرتا ہے۔ ہر مذہبی تہوار بڑی عقیدت سے منایا جاتا ہے۔ اس میں ہر مذہب کے جوانوں اور افسروں کی شرکت نہایت ضروری ہوتی ہے۔

آسمان پر سفید دودھیا بادلوں کے بکھرے ٹکڑے اڑے جا رہے تھے۔ ہم لوگ اس چھاؤنی اور کرگل پر ایک طائرانہ نظر ڈالنے کے لیے باہر نکل آئے۔ ہمارا خیال تھا کہ ریگستان کی طرح یہاں بھی شاید کچھ ریت کے ٹیلے دیکھنے کو ملیں گے۔ لیکن چاروں طرف سبزے سے بے نیاز پتھریلی پہاڑیاں تھیں۔ جن کی آغوش میں سرمئی، سفید، ہلکے اور گہرے سلیٹی رنگ کی ریت اور سنگریزے ایک ترتیب سے بکھرے دکھائی دے رہے تھے۔ شاید ہی کسی پہاڑی پر سبزے کی کوئی جھلک دکھائی دیتی ہو۔ زمین پر سنگریزوں

کے درمیان ریت ضرور تھی۔ لیکن میدانی علاقے سے بالکل مختلف۔ جگہ جگہ چھدری کھردری سی گھاس ہلکے ہلکے سر ابھار رہی تھی۔ سنیل نے ہمیں بتایا کہ یہ ایک الگ قسم کی گھاس تھی، جسے بنجر ریتیلی زمینوں کو آباد کرنے کے کام میں لایا جاتا ہے۔ یہاں مخصوص قسم کی جھاڑیاں بھی لگائی جا رہی تھیں اور جس کی وجہ سے زمین دھیرے دھیرے سرسبز ہوتی جا رہی تھی۔ یہ سب کام AN ZONES RESEARCH INSTITUTE حیدرآباد کے مشورے سے ہو رہا تھا۔ اسی ادارے نے راجستھان میں ریگستان کے پھیلاؤ کے حملے کو روکنے میں نمایاں کام انجام دیا ہے۔ پچھلے دنوں مجھے جودھپور، جیسلمیر جانے کا اتفاق ہوا۔ وہاں بھی ریتیلا علاقہ سبزے میں تبدیل ہوتا جاتا ہے۔ اور اب وہ ریت کے ٹیلے اور ریت بھری آندھیاں اب کسی حد تک ماضی کی داستان بن کر رہ گئی ہیں۔ اب تو ان ریت کے ٹیلوں کو جیسلمیر سے تقریباً ۴۰ کلومیٹر دور جا کر تلاش کرنا پڑتا ہے۔

ہم یونٹ میں مشکل سے چوتھائی یا آدھا کلومیٹر ہی گھومے ہوں گے کہ یکا یک ہم سب کو محسوس ہوا جیسے چلتے چلتے ہماری ٹانگیں جواب دینے لگی ہیں۔ ہمارا سانس پھول رہا ہو اور ہم لوٹنے سے پہلے ہی تھک کر ٹوٹ کر گر جائیں گے۔ اس بات کا خیال کہ ہمیں اس اونچائی پر آکر کوئی دقت بھی ہو سکتی ہے، ہمارے ذہنوں سے محو ہو گیا تھا۔ سنیل نے ہمیں فوراً گھر لوٹ کر مکمل آرام کرنے کا مشورہ دیا۔ آخری سو گز کا فاصلہ طے کرتے ہوئے ہمیں ایسے لگا جیسے یہ سفر کبھی ختم نہ ہوگا۔ ہمیں ۱۹۶۲ء کی لڑائی میں ان فوجیوں کی حالت کا بخوبی اندازہ ہو رہا تھا۔ جنہیں بلندیوں پر پہنچتے ہی چینی فوجوں سے لڑنے کے لیے محاذ پر بھیج دیا گیا تھا۔ سنیل نے بتایا کہ میدانوں سے آنے والے ہر فوجی کے لیے اب تین چار روز کا آرام لازم ہے تاکہ وہ اس مختلف آب و ہوا میں رہنے کا عادی

ہوجائے۔

دوپہر کو جب سنیل دفتر سے لوٹا تو وہ اپنے برگیڈ ہیڈ کوارٹرز کی لائبریری میں سے ہمارے لیے لداخ اس کی تاریخ و تمدن سے متعلق نصف درجن کتابیں اور نقشے لے آیا تھا۔ کیونکہ اب آرام کی شرط ہم پر بھی عائد کر دی گئی تھی۔ لہٰذا پریم بھائی صاحب اور میں نے بڑے انہماک سے ان کتابوں کا مطالعہ کرنا شروع کر دیا اور سچ بات تو یہ ہے کہ یہ مطالعہ لداخ کو دیکھنے اور سمجھنے میں بہت ہی سودمند ثابت ہوا۔

یہ تسلیم شدہ امر ہے کہ زمانہ قدیم میں ہمالہ کے چاروں طرف سمندر تھا۔ ہزاروں، لاکھوں سال گزرنے پر سمندر کا پانی اس علاقہ میں سلسلۂ زوجیلا کی وجہ سے دو جھیلوں میں بٹ کر رہ گیا۔ کرگل کے مقام پر واقع جھیل کا قدیم نام پورگ تھا۔ رفتہ رفتہ جغرافیائی عمل سے ان کا پانی کم ہوتا گیا اور یہ دونوں حصے وادئ کرگل اور وادئ کشمیر میں تبدیل ہو گئے۔ شروع شروع میں کشمیر کے بکروال قبیلے اپنے ریوڑوں کو چرانے کے لیے وادئ کرگل میں آنے لگے تھے۔ اور ان میں کچھ یہیں بس گئے۔ بعد ازاں گلگت، چترال، اور بالٹستان کے بعض منگول قبیلے اور لداخ کے مون قبیلوں نے بھی یہیں سکونت اختیار کر لی۔ دراس اور ڈک پاس میں بسے لوگ خصوصاً ان ہی منگول قبیلوں سے تعلق رکھتے ہیں۔

قدیم تاریخ کے مطابق تبت اور لداخ سے آئے ہوئے بودھی قبیلے اور ان کے راجہ یہاں حکومت کرتے تھے۔ ۱۵۳۱ء کے لگ بھگ یارقند کے مرزا حیدر دغلت نے لداخ پر حملہ کیا اور اس علاقے کے لوگوں کو اسلام قبول کرنے پر مجبور کر دیا۔ وہ اپنی کتاب 'تاریخ رشدی' میں لداخ کے علاقے کا ذکر یوں کرتا ہے:۔

"یہ ایک بہت سرد ملک ہے جس میں جَو کے علاوہ کچھ پیدا نہیں ہوتا۔ گرمیوں کا موسم صرف چالیس روز پر مشتمل ہے۔ یہاں سبزہ یا جنگل نام کی کوئی چیز نہیں۔ لوگ جانوروں کے گوبر سے کھانا پکاتے ہیں۔ جگہ جگہ خانہ بدوش قبیلے گھومتے رہتے ہیں۔ وہ کچا گوشت کھاتے ہیں اور اپنے گھوڑوں کو بھی یہی کھلاتے ہیں۔ پہننے کے لیے وہ بھیڑوں کی کھال کا استعمال کرتے ہیں۔ اکثر لوگ غاروں میں رہتے ہیں۔ ان کی تعداد تیس ہزار سے زیادہ نہ ہوگی۔ جگہ جگہ سونے کی کانیں مجھے ملی ہیں۔ اونچائی کی وجہ سے یہاں سانس لینا محال ہے۔ انسان پوری طرح سے سوچ بھی نہیں سکتا۔ میرے اچھی نسل کے چوبیس گھوڑوں میں اکیس دم گھٹنے سے جاں بحق ہو چکے ہیں۔ یہاں کے لوگ ساکیہ منی سے عقیدت رکھتے ہیں۔"

۱۶۶۰ء میں کرگل کے راجہ کونگا نامگیال نے مرنے سے ایک سال پہلے اپنے علاقے کو اپنے تین بیٹوں میں بانٹ دیا تھا۔ ولی عہد نے جواب کرگل کا نیا حکمراں تھا۔ ۱۶۶۵ء میں سکارڈو کے مسلمان بادشاہ کی دختر شہزادی تیلا سے شادی کر لی۔ اس سے پورے سو سال قبل لداخ کے بہادر حکمراں راجہ جم یانگ نامگیال نے بھی سکارڈو کے ہی حکمراں علی شیر کی دختر شہزادی ارگیال خاتون سے بیاہ رچایا تھا۔ اس طرح سے ان دونوں خاندانوں کے تعلقات سکارڈو کی مسلم ریاست سے ہو چکے تھے۔ محمد سلطان نے جو شہزادی تیلا اور ولی عہد کا لڑکا تھا۔ لاوارث ہونے کی وجہ سے لیہہ کے حکمراں عاقبت محمد خاں کو اپنا جانشین بنایا۔ ۱۸۳۴ء میں جموں کے ڈوگرہ وزیر زور آور سنگھ نے جب لیہہ پر حملہ کیا

اور عاقبت محمد خاں کو پسپا کیا تو لیہہ، کرگل اور دیگر پڑوسی علاقے بھی موجودہ ریاست جموّں کشمیر کا حصہ بن گئے۔

شام کو ہم سبھی سنیل کے ساتھ کرگل شہر گھومنے جونگا میں بیٹھ کر گئے۔ سنیل کا یونٹ لیہہ جانے والی سڑک پر سورو ندی کے پار، کرگل سے پانچ کلومیٹر دور واقع تھا۔ جب کہ برگیڈ ہیڈ کوارٹرز اور دیگر فوجی دفاتر شہر کے بالکل قریب ہیں۔ سنیل کے یونٹ سے شہر پہنچنے کے لیے ندی پار کرنا ضروری ہے۔ اس پر ایک چھوٹا سا پل ہے۔ جو فوج کی تحویل میں ہے۔ اور اس پر فوجی پہرہ رہتا ہے۔ پل پر ایک وقت میں صرف ایک ہی طرف کا ٹریفک آجا سکتا ہے۔ پل اسی جگہ پر بنا ہے، جہاں سورو ندی کا پاٹ سب سے کم ہے۔ اس پل تک پہنچنے سے پہلے ندی کا پاٹ کافی وسیع ہے۔ اور ندی کا پانی ریت کے ٹیلوں کو جزیرہ بناتا ہوا پل کے قریب واپس ایک دھارے کی شکل بنا لیتا ہے۔ فوج کے آنے کے بعد شہر کے کنارے کی طرف سے جزیرہ تک پہنچنے کے لیے ایک چھوٹا سا پل بنا دیا گیا ہے اور اس طرح سے اب یہ جزیرہ ایک تفریحی سیرگاہ بن گیا ہے

شہر میں داخل ہوتے ہی جس چیز نے ہمیں فوری متاثر کیا وہ جگہ جگہ لگے ہوئے خمینی کے قدِ آدم پوسٹر تھے۔ بھائی صاحب کو جو اپنے بحری سفروں کے دوران کئی بار ایران گھوم آئے تھے۔ یکا یک ایسا معلوم ہوا جیسے وہ ایک بار پھر ایران پہنچ گئے ہوں۔ ظاہر تھا کہ مقامی لوگوں کے لیے خمینی کی شخصیت بے حد پرکشش تھی۔ سنیل نے ہمیں بتایا کہ کرگل کی اسّی فی صد آبادی شیعہ مسلمانوں کی ہے کہ ہمارے ملک میں عموماً لداخ کو بودھ دھرم سے جوڑا مانا جاتا ہے۔ اس کثیر تعداد میں مسلمانوں کی موجودگی کم سے کم میرے لیے حیرت کا باعث تھی۔ یہ

درست ہے کہ لداخ ریاست کشمیر کا حصہ ہے۔ جہاں مسلمانوں کی اکثریت ہے لیکن اس کے ساتھ یہ بھی صحیح ہے کہ کل لداخ کی اسّی فی صد آبادی بودھوں کی ہے۔ جب سے لداخ کے بودھ حکمرانوں نے چند مصلحتوں کے باعث اسلامی شادیاں کیں، انھوں نے بودھوں اور مسلمانوں کو ایک ہی نظر سے دیکھا اور کبھی کسی فرقہ کی حق تلفی نہیں ہونے دی۔ بودھی اور مسلمان دونوں ہی لداخی حکمرانوں کی آنکھ کے تارے بنے رہے ہیں۔

کرگل شہر کے بازار میں دو خوب صورت مسجدیں ہیں اور ایک امام باڑہ ہے۔ چار سو سال پرانی مسجد میں سراکی اور ایرانی فن تعمیر کا نادر نمونہ ہیں۔ اکثر مسلمان سیاہ قبا اور پگڑیاں پہنے گھومتے نظر آتے ہیں۔ مسلم عورتیں برقعہ اوڑھتی ہیں۔ اگرچہ جدید تہذیب یہاں بھی آہستہ آہستہ اپنا رنگ جما رہی ہے۔ لوگ عموماً مذہبی معاملوں میں کٹر ہیں۔ لیکن وہ بودھی عقیدوں اور رہنماؤں کی عزت کرتے ہیں۔ ۱۹۷۸ء میں جب انہیں معلوم ہوا کہ دلائی لامہ کرگل میں قیام کیے بغیر لیہہ جا رہے ہیں۔ تو انھوں نے متحد ہو کر احتجاج کیا اور دلائی لامہ کو ان کی خواہش کا احترام کرتے ہوئے اپنا پروگرام بدلنا پڑا۔ سارے شہر میں صفائی اور سفیدیاں ہوئیں۔ انہوں نے قریبی قصبہ ملبک سے بودھی راہبوں کو بلوا کر ان کی نگہداشت میں دلائی لامہ کو ٹھہروایا اور ان کا پر جوش خیر مقدم کیا گیا۔ دلائی لامہ بھی ان کی عقیدت سے بے حد متاثر ہوئے۔ اور انہوں نے اپنی تقریر میں اس مذہبی میل جول کی دل کھول کر تعریف کی۔

امام باڑہ اور مسجدوں کے پیش منظر میں بسے بازار میں بھیڑوں کی اون سے بنے کمبل، قالین، نمدے، پشمینہ کے دوشالے، پیتل سے بنے چائے، قہوہ اور چھانگ کے لیے جگمگاتے پیالے، گلاس اور جگ، ہر طرح کے

رنگین پتھروں کے جڑاؤ کنگن، کڑے اور ہار، ہاتھ سے بنائی گئی تصویریں اور مصوری کے اعلیٰ شاہکار اس بازار کی زینت ہیں۔ اب تو یہاں باہر سے منگوائی گئی مرینو MARINO بھیڑیں بھی پالی جانے لگی ہیں۔ اور جن کی اعلیٰ اون سے دوشالے اور دوسرے بنے ہوئے کپڑے . . . بھی کرگل کے بازاروں میں دکھائی دینے لگے ہیں۔ لداخ کے باقی حصوں کی نسبت کرگل میں تھوڑی بہت بارش ہو جاتی ہے جس کی وجہ سے آس پاس کے دیہات میں جو کے علاوہ دالیں، چنے اور سبزیاں بھی بازار میں مل جاتی ہیں۔ پھلوں میں یہاں کی مقامی پیداوار میں خوبانیوں کو بہت اہمیت حاصل ہے۔ اور ان کے بیج بھی باداموں کا سا مزہ دیتے ہیں۔

وادیٔ کرگل میں سات ندیاں بہتی ہیں۔ جن میں سے بیشتر کی حیثیت پہاڑی نالیوں سے زیادہ نہیں۔ ان ندیوں کے نام سندھ، دراس، سورو، واکھا، شنگو، شنگار اور پھو ہیں۔ ان میں سے صرف سندھ ندی کو ملکی حیثیت حاصل ہے ان سبھی ندیوں میں کسی نہ کسی گلیشیئر سے رس کر آنے والا پانی رہتا ہے۔ لیکن افسوس اس بات کا ہے کہ سنگلاخ زمین ہونے کی وجہ سے ان کے پانی کو آبپاشی کے کام میں نہیں لایا جاسکتا۔ یوں تو کرگل ایک وادی ہے لیکن بہت تنگ اور پتھریلی۔ اس میں یہ ندیاں کسی پتھریلے کھیت کی نالیاں بن کر رہ گئی ہیں۔ کبھی کبھار ان ندیوں کا پاٹ چوڑا ہو جاتا ہے اور اس صورت میں پاٹ کے اندر جزیروں پر یا پھر ندیوں کے کناروں پر تھوڑی بہت آبپاشی کی یا پیڑ اگائے جا سکتے ہیں۔ کبھی کبھار کچھ سرو قسم کے پیڑ یا بید مجنوں کے پیڑ دکھائی دیتے ہیں۔ خوبانیاں ایسی ہی جگہوں کی دین ہے۔ ایندھن کی کمی تو سارے لداخ میں تکلیف دہ حد تک ہے۔

کرگل کی اہمیت تاریخی راستوں کے سنگم ہونے کی وجہ سے ہے۔ یہ شہر لیہہ سری نگر شاہ راہ پر واقع ہے۔ یہاں سے ایک راستہ سورو ندی کے کنارے کنارے وادیٔ زنسکار کی طرف چلا جاتا ہے۔ اور اس راستے کے ذریعے ہماچل پردیش میں واقع لاہول، سپتی اور روہتانگ پہنچا جا سکتا ہے۔ یہ راستہ کرگل سے تھوڑی دور تک پکا ہے۔ اس کے بعد کتنی ہی چوٹیوں اور دروں کو پار کرنا پڑتا ہے۔ اسی راستے کی ایک شاخ کشتواڑ اور بھدرواہ سے جا ملتی ہے۔ یہی راستہ ڈوگرا وزیر زور آور سنگھ نے لداخ پر حملوں کے لیے اپنایا تھا۔ کرگل سے ایک اور راستہ سکارڈو اور لداخ میں بہتی ہوئی سندھ ندی کی طرف چلا جاتا ہے اور جس کے کنارے پر درچک اور گارکن کے دو گاؤں بسے ہیں۔ یہ آج بھی قدیم آریائی قبیلوں کے مسکن بنے ہوئے ہیں۔ یہی راستہ منگول اور مسلم حملہ آوروں نے استعمال کیا تھا۔

سنیل نے دوسرے فوجی افسروں اور ان کے پریواروں کے ساتھ ہمیں سنکو لے جانے کا پروگرام بنا رکھا تھا۔ سنکو کرگل سے تقریباً ۴۰ کلومیٹر دور سورو ندی کے کنارے واقع ہے۔ یہ زنسکار جانے والی سڑک کے کنارے ایک قصبہ ہے۔ جونگوں کے قافلے کے قریب ہمیں راستے میں چار چھ کھاتے پیتے گاؤں نظر آئے۔ دراصل یہ علاقہ لداخ کا سرسبز اور شاداب حصہ ہے۔ اور اسے لداخ کا اناج گودام کہنا مناسب ہوگا۔ جاتے جاتے ہمیں ایک گاؤں میں ٹیلے کے اوپر ایک پختہ چینی کے نیلے رنگ والی خوش نما اور چمک دار گنبد والی مسجد نظر آئی۔ یہ مسجد دور ہی سے نگاہوں میں گھر کرتی ہوئی محسوس ہوتی ہے۔ پیشتر اس کے کہ میں اسے کیمرے میں بند کر سکتا۔ یہ ایک موڑ آجانے کی وجہ سے اوجھل ہو گئی۔ اب

واپسی پر اس مسجد کا فوٹو لینے کا ارادہ ذہن میں محفوظ ہو گیا۔

سارا راستہ ندی کے ساتھ لگے ہوئے کھیت اور پیڑ ہمراہ رہے۔ ان کی ہریالی دیکھ کر یقین کرنا مشکل تھا کہ ہم لداخ ہی کے کسی حصے میں گھوم رہے تھے۔ راستے میں فوجی دوستوں سے بات کرنے پر معلوم ہوا کہ اسی راستے پر واقع درہ پنینزلا (اونچائی ۱۴۴۴۴ فٹ) کی ڈھلانوں پر بے شمار جڑی بوٹیاں ملتی ہیں۔ اور درہ کی اونچائی پر گرم پانی کے معدنیاتی چشمے ہیں۔ اور یہی مشہور زنسکار نسل کے گھوڑوں کی جنم بھومی ہے۔ یوں تو لداخ میں جنگلی گھوڑوں کی ایک کیانگ نامی نسل بھی تبت کے راستے پینگ آنگ جھیل کے قریب ملتی ہے۔ یہ گھوڑے پالتو نہیں رکھے جاتے۔ لداخ کے لوگ ان گھوڑوں کو بہت مقدس مانتے ہیں۔ یہ گھوڑے جھنڈوں میں رہنے کے عادی ہیں۔ اس لیے ان سے سواری یا بار برداری کا کام نہیں لیا جا سکتا زنسکار نسل کے گھوڑے اپنی تیز رفتار اور پھرتی کی وجہ سے مشہور ہیں اور انہیں سواری کے کام میں لایا جا سکتا ہے۔ اس نسل کی بقا کی غرض سے انہیں "محفوظ جانوروں" کا درجہ دیا گیا ہے۔ یہ نسل پہاڑوں میں اپنی خوبیوں کی وجہ سے یکتا ہے۔

حال ہی میں مجھے ہاپوڑ کے پاس بابوگڑھ میں گھوڑوں کی نسل افزائی سے متعلقہ فارم میں جانے کا موقع ملا۔ یہاں فوج اپنی ضرورت کے لیے گھوڑے اور خچر تیار کرتی ہے۔ یہاں یہ دیکھ مایوسی ہوئی کہ افزائش نسل کے سلسلے میں یورپ، آسٹریلیا، ارجنٹینا کے گھوڑوں کا انتظام تو ہے۔ لیکن ہندوستان کی اپنی بڑھیا نسلوں کی افزائش کا پروگرام بالائے طاق رکھا گیا ہے۔ شاید زنسکار جیسی نسل کشمیر، لداخ اور شمال مشرقی ہند کے پہاڑی علاقوں کے لیے بذاتِ خود یا مخلوط نسلوں کی شکل میں زیادہ سودمند ثابت ہو۔ اس پر ہمارے ماہروں کو

توجہ دینی چاہیے۔

سنکو گاؤں گزرنے کے کچھ دور بعد ہمارا قافلہ رک گیا۔ جونگوں سے دریاں اور پکنک کا دوسرا سامان وہاں سے تھوڑی دور ندی کے کنارے کی طرف لے جایا جانے لگا۔ ندی کے کنارے پر پیڑوں کا ایک گھنا جھنڈ تھا۔ دھوپ چھاؤں کے چت کبرے دھبوں میں چھپا یہ ایک بہت ہی حسین منظر تھا۔ جگہ جگہ پن چکیاں چلانے کی غرض سے تیز و تند دھاروں کی صورت میں پانی نکال کر ندی کی امانت کو پھر ندی کے سپرد کیا گیا تھا۔ جھر جھر بہتے پانی کی نالیوں نے کنارے کو چھوٹے چھوٹے جزیروں میں بانٹ دیا تھا۔ یہ جزیرے بچوں بالغوں کو نئے نئے کھیلوں کی ترغیب دے رہے تھے۔ ہم سب ایک عرصے تک ان دھاروں کو پھلانگتے، اپنے اور پرائے جزیروں پر قابض ہوتے رہے۔ ناکہ بندیاں بھی جاری رہیں۔ اور حملے بھی۔ پھر ٹولیاں تھک کر نئے مشغلوں میں الجھ گئیں۔ رمی یا برج کھیلی جانے لگی۔ کہیں کیرم اور کہیں ٹریڈ کھیلنے کے لیے ٹولیاں جم گئیں۔ کہیں دوڑیں اور لانگ جمپ کے مقابلے ہونے لگے۔ پھر کھانے پینے کا دور شروع ہوا۔ کھانے پینے کے بعد کچھ لوگ سستانے لگے اور کچھ ہمت والے لوگ ندی کے بیچوں بیچ ٹیلوں اور پتھروں کے اڈے تلاش کر کے ہاتھ پاؤں سے ندی کا پانی چھلکانے لگے۔

اس ندی کے پانی میں بلا کی خاصیت تھی ــــــ اس پانی نے کھایا پیا بہت جلد ہضم کر دیا تھا۔ اس پانی میں یہ بھی وصف تھا کہ یہ چکنائی کو بنا صابن لگائے صاف کر دیتا تھا۔ ٹرک ڈرائیور اور مستریوں کے لیے تو سچ مچ ایک انمول تحفہ تھا۔ جی تو چاہا کہ یہاں سے پانی کے ٹینک بھر بھر کر شہروں میں لے جائیں اور اس پانی کو مائع صابن LIQUID SOAP کی بجائے بوتلوں

میں بھر کر نفع کمایا جائے، لیکن اس نیت سے ہاتھ کھینچ لیا کہ یہ دولت کمانے کا نسخہ اگر عام ہوگیا تو ندی سوکھ جائے گی۔

اچانک کسی نے مشورہ دیا کہ یہاں سے دس بارہ کلومیٹر اور آگے جایا جائے، جہاں سے نن اور کن نامی چوٹیاں اس صاف موسم میں دکھائی دینے کا یقینی امکان ہے۔ لہٰذا جلدی جلدی سامان سمیٹا گیا اور قافلہ اس نئے پڑاؤ کی طرف روانہ ہوگیا۔ کچھ دور جاکر سڑک کے گھیرے میں سے یہ دونوں چوٹیاں صاف دکھائی دینے لگیں۔ بڑا ہی دلفریب نظارہ تھا۔ موڑ کی وجہ سے ندی کا پاٹ بڑھ گیا تھا۔ اور سورج کی روشنی سے یہ سمٹی ہوئی ندی بڑی بے باکی سے نن اور کن کا دیدار کرنے میں محو تھی۔ نن (اونچائی ۲۳۲۱۹ فٹ) اور کن (اونچائی ۲۴۴۱۰ فٹ) پہاڑوں میں سر نکالے، دونوں سگے بھائی، بڑے انہماک سے ندی کی طرف للچائی نظروں سے دیکھ رہے تھے۔ ہم میں سے اکثر نے اس پاکیزہ نظارے کو فلم بند کر لیا۔ اور ہمارے دیکھتے دیکھتے بادلوں نے نن اور کن کو اپنی آغوش میں ڈھانپ لیا۔ نیچے بہتی ہوئی ندی اداس اداس اور ویران ویران سی دکھائی دینے لگی۔ ناچار ہم سب جونگوں میں بیٹھ کر کرگل کو لوٹ آئے۔

سورج دھیرے دھیرے غروب ہونے لگا تھا۔ خدشہ تھا کہ مسجد والے مقام پر پہنچتے پہنچتے اندھیرا نہ ہو جائے۔ اچانک دور سے ہمیں مسجد کا گنبد شام کی روشنی میں چمکتا نظر آیا۔ اگرچہ روشنی کم ہوگئی تھی لیکن ہم نے اس الوداعی روشنی میں بھی اس کا عکس اپنے کیمرے میں محفوظ کر لیا۔

اگلے روز ہم نے میرینو بھیڑوں کا فارم دیکھا یہاں ان کی افزائش نسل کا مکمل انتظام تھا اور اس طرح سے علاقہ بھر میں اب میرینو نسل پھیلتی جارہی تھی۔

سنیل کے یونٹ کے پاس کچھ دوری پر ہوائی پٹی تھی۔ کچھ عرصہ پہلے یہ سے سری نگر جانے والے جہاز یہاں باقاعدہ اترا کرتے تھے۔ ان دنوں کرگل کو ہوائی نقشے سے نکال دیا گیا ہے۔ البتہ دن میں دو ایک فوجی ہیلی کاپٹر جو ہرکارے کا کام دیتے ہیں، اب بھی باقاعدہ رکتے اور فوجی ڈاک کے علاوہ فوجی افسران کو بھی لے جاتے یا چھوڑ جاتے۔ ادھر اب کرگل کو وایو دوت سروس سے جوڑا جا رہا ہے۔

کرگل میں اس ہوائی پٹی کے پاس فوجی افسروں نے ایک منی گولف کورس بنا رکھا ہے۔ یہاں قریب ہی اونچائی پر ایک ٹی وی ٹرانسمیٹر اسٹیشن بھی دہلی اور سری نگر دوردرشن کے پروگرام یہاں کی شاموں کو پرلطف بنائے رکھتے ہیں۔ فوج نے اپنی اور شہر کی ضرورتوں کو مدنظر بجلی پیدا کرنے کے لیے جنریٹر لگائے رکھے ہیں۔ اور بجلی صرف مقررہ اوقات پر سپلائی کی جاتی ہے۔

کرگل میں بس اسٹینڈ کے پاس سیاحوں کے لیے خاطر خواہ ہوٹل ہیں، لیہہ جانے والے سیاحوں کو عموماً یہیں رات گزارنی پڑتی ہے۔ ہوٹلوں میں ایک ہوٹل تو فائیو اسٹار ہوٹلوں کی کڑی ہے۔ یہ ہوٹل سورو ندی کے کنارے پیڑوں سے گھرا نہایت ہی خوشنما ماحول میں واقع ہے۔ اکثر ہوٹلوں کی طرح یہ صرف گرمیوں میں کھلا رہتا ہے۔

کرگل جیسی جگہوں پر فوجی زندگی کی یکسانیت اور بوریت مٹانے کی غرض سے نت نئے پروگرام اور پارٹیوں کی اسکیمیں بنتی رہتی ہیں۔ پارٹیاں تو اونگھتوں کے لیے ٹھیلتے کا بہانہ ہیں۔ کسی کی برتھ ڈے پارٹی، شادی کی سالگرہ کھیل کود، مقابلے، کسی بھی افسر بالا کی آمد یا روانگی پارٹیوں کے لیے موقع فراہم کرتے رہتے ہیں۔ نت نئے خیالوں کی اپج اور ان کی عملی پلیٹ کش ایسے موقعوں

کو یادگار بنانے میں معاون ثابت ہوتے ہیں۔ ایک بار کسی جنرل کی آمد پر افسران کی بیویاں تفریحی پروگرام بنانے کی اسکیمیں سوچنے لگیں۔ بالآخر ہماری بیٹی اشما کی تجویز کی ہوئی اسکیم کثرت رائے سے منظور کرلی گئی۔

شام کو ایک میوزک کنسرٹ کا اہتمام ہوگیا تھا۔ افسران کی بیویاں اپنا اپنا مرغوب ساز لیے تیار تھیں۔ سبھی افسران کو بہت حیرت ہوئی۔ جب ان کی بیویوں نے کچھ زیادہ ریہرسل کیے بغیر ایک نہایت عمدہ پروگرام پیش کرکے بے حد داد وصول کی۔ جب انھیں کوئی اور نیا آئٹم پیش کرنے کی فرمائش کی گئی تو انھوں نے معذرت پیش کرتے ہوئے کہا کہ تنگیٔ وقت کی وجہ سے وہ مشکل سے ایک ہی آئٹم پیش کرنے کی پریکٹس کرسکی تھیں۔ بعد میں انکشاف ہوا کہ ساز بجانے کا تو صرف ڈھونگ ہی رچایا گیا تھا۔ جب کہ حقیقی موسیقی تو پردے میں چھپے ہوئے ایک کیسیٹ کی دین تھی۔

کون کہتا ہے کہ ذہنی اپج کسی ایک کی وراثت ہے۔

دارچک

پچھلے دو تین روز میں، میں نے سنیل کو کرنل بہل کے ساتھ آتے جاتے ادھر اور میس میں کھسر پھسر کرتے ہوئے دیکھا۔ دو ایک بار گھر میں سنیل کو کرنل صاحب سے دبے لفظوں میں باتیں کرتے ہوئے بھی پایا۔ کچھ گمان سا ہوا کہ شاید ادھر محاذ پر کچھ پاکستانی یا چینی فوجوں سے کچھ جھڑپیں ہوئی ہوں یا پھر فوجی تیاری یا تحفظ کے پلان بنائے جا رہے ہوں۔ سرحدوں پر اِکا دُکا جھڑپوں کا ہونا کوئی

ہ کچھ لوگوں کے مطابق صحیح تلفظ دڑچک ہے۔

انہوں نے بات نہیں اور پھر اِدھر چند ماہ پہلے ہی ہماری فوجوں نے سائی چن گلیشیر پر اپنے پاؤں مضبوطی سے جمائے تھے۔ اور سنیل نے مناسب جگہوں کا انتخاب کر کے وہاں توپ خانہ کی چوکیاں پلان کرنے اور قائم کرنے میں بہت ہی نمایاں کام کیا تھا، جس کی تعریف اِدھر اُدھر سننے کو مل جاتی تھی۔

سائی چن شمالی لداخ میں فوجی نقطۂ نگاہ سے ایک بہت اہم گلیشیر ہے۔ اس گلیشیر کی سرحدیں چین اور پاکستان دونوں سے ملتی ہیں۔ اور اس پر تسلط جما لینے سے دونوں ملکوں کی فوج کی نقل وحرکت پر نظر رکھی جا سکتی تھی۔ اور اب کسی بھی اچانک حملے کے امکان کا سوال ہی پیدا نہیں سکتا تھا۔ پاکستان سے جنگ بندی کے بعد گلیشیروں کے علاوہ باقی محاذ کی حدیں متعین کر دی گئی تھیں۔ اس وقت یہ بعید از خیال تھا کہ گلیشیروں پر کسی طرح کا قبضہ ممکن ہے کیونکہ سال کے بارہ مہینے ایسے مقامات پر رسد یا گولہ بارود پہنچانا موسم اور جغرافیائی نقطۂ نظر سے کسی معجزہ سے کم نہ تھا۔ پاکستان نے سائی چن پر قبضہ کیے بغیر اسے مقبوضہ علاقہ دکھانے کے لیے غیر فوجی حربوں کا استعمال کرنا شروع کر دیا تھا۔ اس کی ایک صورت کوہ پیمائی مہموں کو اپنے مقبوضہ علاقہ میں سے سائی چن کے راستے ہمالیائی چوٹیوں پر چڑھائی کرنے کی اجازت دینا تھا۔ اس طرح کوہ پیمائی کے نقشوں میں غیر متعین سائی چن پاکستانی مقبوضہ علاقہ دکھایا جانے لگا۔ کچھ برسوں بعد عالمی اداروں کے توسط سے پاکستان اس علاقہ پر اپنا قبضہ جتا سکتا تھا۔ فوجی نقطۂ نظر سے چپ چاپ بیٹھنا اس علاقہ کو خوب صورت طشتری میں سجا کر پاکستان کی نذر کرنے کے مترادف تھا ـــــ اگرچہ ہندوستان بھی کوہ پیمائی مہموں کو لداخ میں اپنے علاقے کی طرف سے اجازت دے کر اس گلیشیر پر اپنا حق جتانے کی کوشش کر سکتا تھا۔ لیکن عالمی عدالتوں میں ایسے متنازع امور کے

فیصلوں کے انجام سے ہندوستان کو کافی تلخ تجربہ ہو چکا ہے۔ ہندوستان کے سامنے صرف ایک چارہ تھا۔ اور وہ یہ کہ قبضہ ۱۰/۹ حصہ قانون ہے۔ اور پھر قبضہ بھی اس علاقے کا جو ہندوستان میں واقع لداخ کا اپنا حصہ ہے! اور پھر ہندوستانی فوج نے غیر ممکن کو ممکن کر دکھایا۔ بیشتر اس کے کہ پاکستان کے کانوں میں جوں تک رینگتی، ہندوستان کی فوجوں نے صدہا مشکلات کے باوجود اس علاقے کو اپنی مکمل گرفت میں لے لیا اور اپنے لیے رسد، گولہ بارود پہنچانے کے راستے بنالیے ہمارے ہیلی کاپٹروں نے دن رات ایک کرکے، فوجوں کو مکمل تعاون دے کر ان کے اڈوں اور چوکیوں کو مضبوط کر دیا۔ اب بھی پاکستان اور چین کی طرف سے ان چوکیوں پر گاہے گاہے حملے ہوتے ہیں، لیکن ہماری چوکسی اور تیاری ان کے ناپاک ارادوں کو ہمیشہ ناکام بنا دیتی ہے۔

ایسے نازک حالات کی وجہ سے یہ جھڑپیں کبھی شدید لڑائی میں تبدیل ہو سکتی ہیں۔ لہٰذا ہمہ وقت تیاری ہی اس کا واحد حل ہے۔ اس دن ہمیں سخت حیرانی ہوئی جب کرنل بہل نے اچانک ہم سے کہا "بھئی وہ آپ کے دارچک جانے کے تمام انتظامات مکمل ہو گئے ہیں۔ آپ کو وہاں آریائی لداخ دیکھنے کا موقع ملے گا۔ مجھے افسوس ہے کہ چند ضروری کاموں کی وجہ سے آپ کے ساتھ جانا ممکن نہ ہو گا ـــــــ لہٰذا آپ میری عدم موجودگی کو محسوس نہیں کریں گے۔ مجھے یقین ہے۔ آپ کو دارچک بہت پسند آئے گا۔"

اب ہم پر انکشاف ہوا کہ پچھلے دنوں کی کھسر پھسر آپریشن سائی چن نہیں، بلکہ 'پراجیکٹ دارچک' سے متعلق تھی۔ ہو سکتا ہے کہ اس دوران سائی چن کا مسئلہ بھی پس منظر میں ابھر رہا ہو۔ بہرحال یہ دو الگ الگ امور بھی تو ہو سکتے تھے۔

سنیل نے ہمیں بتایا کہ دارچک کا علاقہ کرگل سے سو کلومیٹر دور اندرونی لداخ میں پہاڑوں کی گود میں سندھ ندی کے کنارے واقع ہے۔ دارچک اور اس کے آس پاس بسے دو چار گاؤں کوہ قراقرم سے پار آئے ہوئے آریائی قبیلوں کی آماجگاہ ہے۔ یہاں کے لوگ خالص آریائی ہونے کا دعویٰ کرتے ہیں۔ ان قبیلوں کے لوگ آپس کے گاؤں ہی میں شادیاں کرتے چلے آئے ہیں۔ اونچے اونچے پہاڑوں کی گود میں محفوظ یہ قبیلے دنیا سے بالکل کٹے ہوئے ہیں۔ ان کے گاؤں ہمیشہ سے ان کی دنیا رہے ہیں۔ ان کی کل جائداد بھیڑ بکریوں کے ریوڑ ہیں۔ جنہیں وہ آس پاس کی ڈھلانوں پر چرا کر واپس اپنے گاؤں لوٹ جاتے ہیں۔ سندھ ندی، کھلا آسمان سورج چاند اور چاروں طرف پہاڑ ان کی کائنات رہے ہیں۔ یہ تو لداخ میں ہندوستانی فوج کی آمد تھی۔ جس نے انہیں اپنے چھپے مسکنوں سے ڈھونڈ نکالا ہے۔ ورنہ وہ شاید ہمیشہ کے لیے باقی دنیا کے لیے ایک عجوبہ بنے رہتے۔ فوج نے ان لوگوں کی زندگی میں کوئی نمایاں تبدیلی لائے بغیر ان سے دوستی قائم کر لی ہے۔

ایسے اندرونی علاقہ میں جہاں کوئی بس یا سواری کا انتظام نہیں، فوج کے علاوہ کسی دوسرے کے پہنچنے کا کوئی سوال نہیں اٹھتا، اس لیے ہم خوش قسمت تھے کہ ہمیں ایسی جگہ جانے کا ایک نادر موقع مل رہا تھا۔ اور اس طرح سے آریائی لداخ کو اتنے قریب سے دیکھنے کا بھی۔

اگلی صبح سویرے کرگل سے روانہ ہوتے وقت جونگوں میں ہم سواریوں کے علاوہ دو خوش نما رنگین کاغذوں میں لپٹے ہوئے دو بڑے بڑے ٹوکرے بھی لادے گئے۔ ہمارے پوچھنے پر سنیل نے ہمیں بتایا کہ ان ٹوکروں میں ان قبیلوں کے لیے فوج کی طرف سے نذرانہ بھیجا جا رہا تھا۔ ایک ٹوکرا مردانہ اور دوسرا

زنانہ تھا۔ "سیل بند" ہونے کی وجہ سے ان تحفوں کی نوعیت کے بارے میں قیاس ہی لگایا جا سکتا تھا۔ پریم بھائی صاحب کے قیاس کے مطابق مردانہ ٹوکرے میں سوم رس ضرور تھا۔ تریپت اور کرشنا جی اپنے انداز سے زنانہ ٹوکرے میں گوٹا کناری لگے کپڑوں، چاندی اور پتھروں کی مالاؤں کا اندازہ لگا رہے تھے۔ لیکن فوج کے بھید جاننا اتنا آسان کام نہیں۔ اور پھر کم سے کم میرے نزدیک عورتوں کے تحفوں میں زیادہ اہم باتیں اور بھی تھیں۔! بہر حال ہمارے جونگے ان تحفوں کے ٹوکروں اور ہمیں لیے گولف کورس کا احاطہ کرتی ہوئی سڑک پر شمال کی طرف روانہ ہو گئے۔ جیسا کہ اکثر پہاڑی سڑکوں پر ہوتا ہے اس بار بھی ایک ندی سڑک کے ہمراہ تھی۔

ایک شخص سے جب شہر اور دیہات کا فرق بتانے کے لیے کہا گیا تو اس نے جواب دیا تھا: شہر میں حدّ نظر تک وہ سب دکھائی دیتا ہے جو انسان نے خود تعمیر کیا ہے۔ جب کہ دیہات میں حدّ نظر تک وہ سب دکھائی دیتا ہے جسے خدا نے بنایا ہے۔ اور پھر لداخ تو خدا کا اپنے ہاتھوں سے تعمیر کیا ہوا معلوم ہوتا ہے۔ اس تخلیقی عمل میں خدا نے اپنی تمام فطری قوتوں سے بھرپور کام لیا ہے۔ سورج کی تیز عمودی کرنوں نے پہاڑوں میں جگہ جگہ دراڑیں اور شگاف پیدا کر دیے ہیں۔ قدرت کی تیز ہواؤں کی پھونکنی نے ان پہاڑوں سے سنگ ریزے اور فالتو مٹی اڑا اڑا کر ایک ماہر نقاش کی طرح کسی بھی ہتھوڑے چھینی کے بغیر ان کے سینوں پر ایسے ایسے نقش کندہ کر دیے ہیں کہ ہر نقش کے داد دیے بنا نہیں رہا جا سکتا۔ ندی کے کنارے انہی پہاڑوں کے سینے پر اپنی طرز کے خوب صورت مندر کھڑے ہیں۔ وہی کلس، گوپ، محرابیں، چوکور دروازے جن میں سے ندی کے پوتر پانی سے نہا کر تھالیوں میں پھول اور دیئے سجائے ہوئے پجارن مندروں میں داخل ہونے ہی والی ہوں!

پھر ان پہاڑ ون پر ہاتھی کے بے ڈول پاؤں کے نقش اُبھرتے ہیں۔ اور سڑک اچانک ندی کے کنارے سے ہٹ کر دور آجاتی ہے۔ اور اس کے اور اونچے پہاڑوں کے درمیان لمبا چٹیل میدان سا بچھ جاتا ہے۔ پھر ان وسعتوں میں اچانک ایک ٹیلہ اسٹیج کی سی شکل لیے نمودار ہوتا ہے۔ سارے ماحول سے ایسے معلوم ہوتا ہے جیسے کسی بھی پل دیو داسیوں کا رقص شروع ہونے والا ہو۔ ہمارا جونگا اس ٹیلہ نما اسٹیج کو چھوڑ کر آگے بڑھ جاتا ہے۔ اور پھیلے ہوئے پہاڑوں کا سلسلہ کسی قلعے کی فصیل کی شکل اختیار کر لیتا ہے۔ یہاں فصیلوں کے کنگورے بھی ہیں اور ان دیواروں میں ابھرے ہوئے فصیل کے ستون بھی۔ اور پھر اچانک ان اونچائیوں کے بیچوں بیچ ایک بالکونی سی دکھائی دیتی ہے۔ ایسے معلوم ہونے لگتا ہے۔ جیسے ابھی کوئی شاہ عالم اپنی ملکہ سمیت اس بالکونی پر رونق افروز ہوں گے۔ اور ان کا اشارہ پاتے ہی اس وسیع میدان میں ہاتھی اور شیر کی جنگ ہو جائے گی۔ اور یہ لال قلعہ جیسا منظر کبھی چتوڑ گڑھ اور کبھی گوالیار کا ناقابلِ تسخیر قلعہ بن جاتا ہے۔ کنگورے دار فصیل میں جگہ جگہ چوکیاں نظر آتی ہیں۔ اور کہیں ان توپوں کے دہانے جو ان کنگوروں میں پھنسائے گئے ہیں اور جو کسی وقت بھی گولہ برسانا اور آگ انڈیلنا شروع کر سکتے ہیں۔ ایسا ایک منظر شیلانگ سے چراپونجی جانے والی سڑک کے ساتھ پہاڑوں کے سلسلے کی یاد دلاتا جہاں یہ ایک مضبوط چٹیل فصیل کی مانند آپ کے ہمراہ رہتا ہے۔ فرق صرف اتنا ہے کہ وہ سلسلہ یک رنگی، بے رونق فصیل کا روپ لیے ہوتا ہے۔ جب کہ موجودہ منظر میں پہاڑوں کی دیواروں پر کھدے ہوئے نشیب و فراز اسے حقیقت کا رنگ دے رہے ہیں۔ آسمان کی وسعتوں پر تیرتے سفید بادل جب سورج کو ڈھانپ لیتے تو روشنی اور سایوں کا امتزاج اس فصیل کو اور بھی عالی شان اور پُرشکوہ بنا دیتا۔

ایسے رنگارنگ نظاروں میں ایک منظر ایسا بھی تھا جسے میں بھلائے نہیں بھلا سکتا۔ یہاں کسی کسی پہاڑ کے سر پر برف کی ٹوپی بھی نظر آجاتی تھی، لیکن پگھلتی ہوئی برف کی دھار نیچے آتے آتے کہیں چھرے میں جذب ہو کر رہ جاتی تھی۔ دور سے یوں معلوم ہوتا گویا یہ دھار نہ ہو بلکہ کسی مجبور، بے کس بیوہ کی آنکھ سے ٹپکا ہوا آنسو ہو!

کرگل سے روانہ ہوتے ہی ہمیں بتدریج پہاڑ پر چڑھتے ہوئے دو گھنٹے گزر چکے تھے۔ اس دوران پہاڑیوں پر کھدے نقش اور قدرت کے شاہکار ہمارے ہم سفر رہے تھے۔ اچانک چوٹی پر پہنچ کر ہمارے ڈرائیور نے جو دگا روک دیا۔ ہم ..۴۰۴ میٹر کی بلندی پر ٹنگلا درے پر پہنچ گئے تھے۔ یہاں پہنچ کر ہم دونوں طرف کی پہاڑیوں کے سلسلے کو بخوبی دیکھ سکتے تھے۔ یہاں ایک سلسلہ ختم ہوکر ہم سے رخصت چاہ رہا تھا۔ جب کہ ایک نیا سلسلہ ہمارا سواگت کر رہا تھا۔ تیز ہواؤں کے تھپیڑے تھے۔ ہوا میں خنکی تھی، لیکن سورج کی تیز کرنوں کی وجہ سے کچھ زیادہ سردی کا احساس نہ ہو رہا تھا۔ جو عموماً اتنی اونچائی پر ہوا کرتا ہے۔ اب اتنی چڑھائی کے بعد دور تک اترائی نظر آرہی تھی۔ پریم صاحب نے معنی خیز نظروں سے میری طرف دیکھا اور ہم دونوں گھٹی ٹانگوں کو راحت پہنچانے کی غرض سے نیچے جاتی پگڈنڈی کی طرف چل دیے۔ ہم نے ترپت اور کرشنا بھابی کو بھی ساتھ آنے کی دعوت دی، لیکن وہ جونگے سے اترنے کے لیے رضامند دکھائی نہ دیتی تھیں اور پھر مجبوراً سنیل کو بھی ان کا ساتھ دینے کے لیے جونگے میں رہنا پڑا۔ بھلا وہ اپنی دونوں ساسوں کو چھوڑ کر اس بداخلاقی کا مرتکب کیسے ہو سکتا تھا۔ ہم نے سنیل کو اشارہ کیا کہ وہ جونگے کو چلائے۔ سڑک کا راستہ کافی لمبا تھا اور پگڈنڈی کے ذریعے ہم بہت جلد اس مقام پر پہنچ سکتے تھے، جہاں سڑک پگڈنڈی

سے دوبارہ آن ملتی تھی۔

سڑک اور پگڈنڈی کے سنگم پر ہم پھر جونگے میں جا بیٹھے۔ سڑک پہاڑی کے دامن کے سہارے دھیرے دھیرے اتر رہی تھی۔ اور ہر موڑ کے ساتھ دور ایک گاؤں کے نقش واضح ہوتے چلے جا رہے تھے۔ ان ویران پہاڑوں کے نیچ گاؤں کے سامنے پھیلے ہوئے ہرے بھرے کھیت آنکھوں کو بہت بھلے لگ رہے تھے۔ معلوم ہوتا تھا کہ گاؤں کے پاس بہتا کوئی ندی نالہ اس شادابی کا سبب تھا۔ کھیتوں میں پتھروں سے کی ہوئی حد بندی ایک واضح ثبوت تھا کہ گاؤں کے لوگ پانی کے ایک ایک قطرے کی اہمیت سے بخوبی واقف تھے۔ گاؤں کے مکان پتھروں کو جمع کر کے کسی گارے سیمینٹ کے بغیر بنائے گئے تھے۔ ان سے ہٹ کر پہاڑ میں بنی غاریں آباد تھیں۔ ایک لمحہ کے لیے گمان ہوا جیسے ہم پتھر کے زمانے میں لوٹ آئے ہوں۔ اور زندگی ارتقا کی منزلیں عبور کرنے میں لگی ہو۔ ہمارا جونگا گزرتے وقت کے ایک تھپیڑے کی طرح کھردرے پتھروں سے بنی گلیوں سے ہوتا، گاؤں کی سرحدوں سے گزر گیا۔ شاید گاؤں کے مکینوں کے لیے ہمارے جونگے کا گزرنا اتنا ہی حیرت انگیز ہو گا جتنا ہماری زمین پر سے ہوائی طشتریوں کا گزرنا۔ ہمیں کھڑکی دروازوں میں سے اس غیر متوقع نظارے کو دیکھنے کے لیے کئی چھوٹے بڑے سر جھانکتے نظر آئے اسی خوف و ہراس کے ساتھ کہ کہیں کوئی ناگہانی مصیبت گلے نہ پڑ جائے۔

کچھ دور جانے پر ہم سندھ ندی پہنچ گئے جہاں پل پر ایک فوجی چوکی میں کچھ لوگ ہمارے جونگے کے منتظر تھے۔ انہوں نے ہمیں اپنی قیادت میں لے لیا اور ہم آگے بڑھنے لگے۔ اب ہمیں پہاڑ کی ڈھلانوں پر عورت، مرد، بچے اپنی رنگا رنگ پوشاکوں میں ملبوس اترتے ہوئے نظر آئے۔ جیسے وہ کسی میلے میں شامل

ہونے جارہے ہوں۔ ہمیں بتایا گیا کہ اب ہم منزل مقصود کے بہت قریب ہیں۔ ندی کے کنارے اونچائی پر ایک ڈاک بنگلہ سا بنا معلوم ہو رہا تھا جہاں لگا ہوا شامیانہ کسی ہونے والی تقریب کا اعلان کر رہا تھا۔ اور پھر اس ڈاک بنگلے کے قریب پہنچتے ہی ہمارے استقبال میں یکا یک ڈھول اور طوطیاں بج اٹھیں اور بنگلے میں منتظر بھیڑ ہمیں خیر مقدم کہنے کے لیے اٹھ کھڑی ہوئی۔ شاید انہیں فوج کی طرف سے بتایا گیا تھا کہ اس تقریب میں شرکت کے لیے چند خصوصی مہمان آرہے ہیں ایسا استقبال غالباً فوج کے جنرلوں کے لیے مخصوص تھا۔ اور ہم ان توقعات پر کہیں پورے نہیں اترتے تھے۔

سفید بھیڑوں کی کھالیں اوڑھے، بالوں اور ٹوپیوں میں جنگلی پھول سجائے، رنگین واسکٹوں اور کرتوں میں ملبوس، کمر میں ٹپکا باندھے دوشیزاؤں اور بانکے نوجوانوں نے ہمیں خوش آمدید کہا۔ ان کے شاداب چہرے، اجلی رنگت اور تیکھے نقش آریائی حسن کا عمدہ نمونہ تھے۔ پچھلے زمانے کی کوہ قاف کی پریاں اپنی خوب صورتی کے لیے بے حد مشہور تھیں۔ اب وہی خوب صورتی یہاں موجود دوشیزاؤں کے انگ انگ میں رچی معلوم ہوتی تھی۔

ان جیالے مردوں نے رنگین کرتے اور تنگ مہری کے پاجامے پہن رکھے تھے۔ جب کہ بزرگ لوگوں نے قبا اوڑھ رکھی تھی۔ پٹکے اور کمر بند کا استعمال عورت اور مرد دونوں میں مشترک تھا۔ فرق اتنا تھا کہ عورتیں تو غالباً کمر کے خم کو نمایاں کرنے کے لیے اسے پہنتی ہوں گی۔ جب کہ مرد لوگ کمر بند کو شانے سے گزار کر اسے کمر کے گرد باندھے ہوئے تھے۔ کوئی عورت یا مرد ننگے سر نہ تھا۔ اور ان کی ٹوپیوں میں پھولوں اور خوشبوؤں کی موجودگی عام بات تھی عورتیں عموماً اپنے کپڑوں کے اوپر اونی کھال اوڑھ کر آگا پیچھا دونوں ڈھانپ لیتی ہیں۔ ان

کے سروں پر چاندی کا پھیلا ہوا جھرمٹ نماز یور ضرور رہتا ہے۔ جس کی لڑیاں ناچ کے درمیان جھنجھناتی رہتی ہیں۔ اس طرح پھولوں اور زیوروں سے چوٹی کو سجلنا عام بات تھی۔ ان کے گلے میں رنگین منکے یا پتھروں کی مالا موجود تھی۔ کلائیوں میں ہاتھی کا دانت یا ایسی ہی اشیار کی بنی ہوئی چوڑیوں اور کڑوں کا رواج بھی عام معلوم ہوتا تھا۔

ان کے شگفتہ چہروں سے معلوم ہوتا تھا کہ یہ موج مستی کرنے والے بے فکرے لوگ تھے، جن کے چہروں پر نہ کرب کے آثار تھے اور نہ ہی فکر کی لکیریں۔ زندگی جینا تو کوئی ان سے سیکھے۔ ان کے عمر رسیدہ لوگوں کے چہرے بھی وقت کے تھپیڑوں سے بے نیاز تھے۔ دیکھتے ہی دیکھتے عورتوں اور مردوں کی الگ الگ ٹولیاں بن گئیں۔ چار سازندوں پر مشتمل ان کا چھوٹا سا آرکسٹرا فضا میں نغمے بکھیرنے لگا۔ ان میں سے ایک ڈھول اور ایک نقارے جیسا تھا۔ اس کے علاوہ دو طوطیاں تھیں۔ یہ سازندے مختلف دھنوں پر اپنے ساز بجا رہے تھے۔ کبھی تیز، کبھی آہستہ۔

یہ حیرانی کی بات ہے کہ آپ پہاڑوں میں کہیں بھی چلے جائیں کلو ہو یا کمایوں میگھالیہ ہو یا منی پور ان کا گیت سنگیت لگ بھگ ملتا جلتا ہے۔ شاید اس کی وجہ تھوڑے سے ساز ہوں گے۔ یا آسانی سے گائی جانے والی لہروں کی طرح ابھرتی ڈوبتی آوازیں پھر بھی یہ دھنیں اور مل کر گائے جانے والی آوازیں ایک عجب جادو جگادیتی ہیں۔ اور کوئی بھی انہیں سُن کر جھومے بغیر نہیں رہ سکتا۔ ان سازوں میں البتہ بانسری کی کمی ضرور محسوس ہو رہی تھی۔ یہ رقص کرتی ہوئی عورتوں اور مردوں کی ٹولیاں کبھی آمنے سامنے کبھی گھیروں میں اور کبھی مل کر ایک دوسرے کا ہاتھ پکڑے ہوئے تھرک رہی تھیں۔ علیحدہ ٹولیوں کی صورت میں عورتوں کی ٹولی کا مردوں کی ٹولی میں

گھس جانا اور مردوں کی ٹولی کا جوابی حملہ ناچ میں اور بھی دلکشی پیدا کر رہا تھا۔

اچانک عورتوں نے بڑھ کر نرپت اور کرشنا بھابی کو اپنی تحویل میں لے کر رقص کرنا شروع کر دیا۔ اور انہیں ناچ کے طرز و ادائیں سکھانے لگیں۔ مردوں کی ٹولی بھلا کب پیچھے رہنے والی تھی۔ انہوں نے پریم بھائی صاحب، سنیل اور مجھے گھیر کر اپنے رقص میں شامل کر لیا۔ اور ہم بھی ان کی حرکت کی نقل کرنے لگے۔ اگرچہ ہماری حرکتیں اور اشارے ناتراشیدہ ہیروں کی طرح تھے۔ (جی کے بہلانے کو اپنے بھونڈے، بے ڈھنگے عمل کو ایسا نام تو دے ہی سکتے ہیں!)

پریم بھائی صاحب کو بحریہ میں رہ کر دنیا بھر کے رقص سیکھنے اور کرنے کے مواقع تو حاصل ہوتے رہے تھے۔ لہٰذا ان کی حرکات و سکنات میں کسی حد تک نفاست اور پختگی جھلکتی تھی۔ مجھے یقین ہے کہ اگر یہ رقص کی محفل ایک آدھ گھنٹہ اور جاری رہتی تو وہ ضرور ایک تراشا ہوا ہیرا ثابت ہوتے۔ ہماری تراش خراش میں تو خیر بہت دیر لگ جاتی۔ جہاں تک ترپت اور کرشنا بھابی کا سوال تھا۔ بھلا مچھلی کو کون تیرنا سکھاتا ہے! میرا پختہ عقیدہ ہے کہ ناچ تو عورت کی فطرت میں رچا ہوا ہے۔ دلچسپ بات تو یہ ہے کہ عورت خود تو ناچتی ہی ہے، لیکن اسے مردوں کو اپنے اشاروں پر نچانے میں بھی فطری مہارت حاصل ہے! اب منہ نہ کھلوائیے میرا اور آپ کا تجربہ کوئی مختلف تھوڑا ہی ہوگا!۔

ناچ کے بعد تحفے کے طور پر ساتھ لائے گئے دونوں ٹوکروں کو قبیلے کے سردار کی نذر کیا گیا، جسے پورے قبیلے نے تالیوں کی گڑگڑاہٹ میں بخوشی قبول کر لیا۔ قبیلے کے عورت مرد ہم سب سے اس کم عرصے میں گھل مل گئے تھے

ان سب نے ہم سے خلوص و محبت سے اجازت چاہی اور پھر یہ میلہ ختم ہو گیا۔ پگڈنڈیوں پر چڑھتے ہوئے عورت مرد ہاتھ ہلا ہلا کر ہمیں دیر تک، خدا حافظ کہتے رہے۔ ادھر ہمارے میزبان جن کی قیادت میں ہم لوگ یہاں آئے تھے۔ ہمیں اس لنچ کی یاد دہانی کرانے لگے جو ان کے میس میں ہمارا انتظار کر رہا تھا۔

کرگل میں ہمیں بتایا گیا تھا کہ یہ آریائی نسل کے لوگ شاذ و نادر ہی نہاتے ہیں۔ اس لیے ان کے جسموں میں سے بدبو کے بھبکے آتے ہیں۔ اور ان سے ہاتھ ملانے کے بعد کی بدبو کو دور کرنے کے لئے شاید صابن کی پوری ٹکیہ درکار تھی، لیکن ہم حیران تھے کہ ہمیں اس بدبو کا ذرہ بھر بھی احساس نہ ہوا تھا بلکہ ان کے مہکتے حسن کی خوشبو اور مسکراتے خوش گوار چہرے ہماری زندگی اور تجربے کا قیمتی اثاثہ بن گئے تھے

اس سوال پر غور کرتے ہوئے اچانک ترپت بول اٹھیں : مجھے یقین ہے کہ نتھوں کے ان ٹوکروں میں صابن کی ٹکیاں ضرور ہوں گی۔ کیوں بھئی سنیل ؟"

اور سنیل کچھ ایسے پر اسرار انداز میں مسکرا دیا جس میں تردید کی بجائے تائید کی کہیں زیادہ جھلک تھی !

کرگل سے لیہہ تک

ہمیں کرگل آئے دس روز ہو چکے تھے۔ طے شدہ پروگرام کے مطابق ۱۴ر جون کو لیہہ پہنچ جانا چاہئے تھا۔ کیوں کہ ۱۸ر جون کے لیے ہماری سیٹیں بذریعہ ہوائی جہاز چنڈی گڑھ کے لیے بک تھیں۔ پریم بھائی صاحب اور ہم چنڈی گڑھ میں دو ایک روز کے لیے اپنے بزرگ رشتہ داروں سے ملنے کے لیے رکنا چاہتے تھے اس کے بعد انہیں شملہ جانا تھا۔ جب کہ ہمیں واپس فرید آباد پہنچنا تھا۔ چنڈی گڑھ تک ہمارا سفر مشترکہ تھا اور ہم حالیہ سفر کی ہر گھڑی ایک دوسرے کے ساتھ گزارنا چاہتے تھے۔

کرگل سے یہہ جانے کے لیے کرنل بہل نے ہماری سیٹیں آرمی بس میں ریزرو کروا دی تھیں۔ سری نگر سے چلی ہوئی یہ بس رات کرگل میں رکنے کے بعد اگلے دن فوجی ریسٹ ہاؤس سے صبح سات بجے ہی روانہ ہو جاتی ہے۔

صبح جونگا کچھ معمولی خرابی ہونے کی وجہ سے دیر سے پہنچا اور جب اس میں سامان رکھا گیا تو ہر بار کی طرح ہماری روانگی کے وقت بھی کرشنا بھابی کبھی ترپت کو کوئی نہ کوئی چیز یاد آجاتی۔ کبھی کسی کا چشمہ ہوتا تو کبھی کسی کا کیمرہ یا کتاب۔ سوئے ہوئے بچوں پر ایک پیار بھری نگاہ ڈال کر اشیما اور سنیل کے ہمراہ جب ہم بھاگ دوڑ کرتے پونے سات بجے کے کچھ بعد ریسٹ ہاؤس پہنچے تو کرنل بہل اور ان کے اسٹاف کے کچھ ممبران کو دیگر لوگوں کے ساتھ بس میں بیٹھا ہوا پایا۔ بس میں جانے والوں کی ایک خاصی تعداد سیٹیں نہ ملنے کی وجہ سے بس کے باہر کھڑی تھی اور غالباً ہمارا انتظار کر رہی تھی۔

"تو آپ ہمارے ساتھ چل رہے ہیں کرنل بہل!" پریم بھائی صاحب نے بس میں داخل ہوتے ہوئے ازراہ مذاق سوال کیا۔

"آپ ہمیں پہلے بتایا ہوتا۔"

"یہ تو آپ کو کرنل صاحب کا شکریہ ادا کرنا چاہیے جو وہ آپ کے لیے بس کی سیٹیں سنبھالے بیٹھے ہیں۔" سنیل نے کرنل بہل کو فوجی سلام کے بعد مسکراتے ہوئے کہا۔

"آج تو وہی مذاق ہو جاتا، چھوڑنے والوں کا!" کرنل بہل نے ہنستے ہوئے کہا۔ "وہ آپ نے سنا ہی ہوگا۔ کچھ دوست اپنے احباب کو گاڑی پر رخصت کرنے کے لیے گئے۔ اتفاق سے جب وہ پہنچے تو گاڑی پلیٹ فارم پر دھیرے دھیرے سرک رہی تھی۔ بھاگم بھاگ بدحواسی کے عالم میں رخصت

کرنے والوں نے تو لپک کر گاڑی پکڑلی لیکن سفر پر جانے والے احباب پلیٹ فارم پر ہی رہ گئے۔ اب جانے کا پروگرام تو آپ لوگوں کا تھا۔ لیکن عجب نہ ہوتا اگر آپ کی بجائے ہم ہی لیہہ پہنچ گئے ہوتے !"

بشمول دوسرے مسافر بس میں سوار فوجی افسران اور ہم ایک شائستہ انداز میں قہقہہ لگاکر ہنس دیئے۔ کرنل بہل اور ان کے ساتھی ہم لوگوں کے لیے سیٹیں خالی کرتے ہوئے بس سے اتر گئے۔

"ہم سب آپ کی، مسٹر بہل کی اور آپ کے سارے یونٹ کی مہمان نوازی کی جتنی تعریف کریں، کم ہوگی!" میں نے اور پریم بھائی صاحب نے کرنل بہل کا شکریہ ادا کرتے ہوئے کہا۔

"یونٹ کے لوگوں کے لیے ہم سب کا یہ ایک معمولی سا تحفہ ہے!" ہم نے یونٹ ویلفیئر فنڈ کے لیے ایک چیک پیش کرتے ہوئے کہا۔ "اسے قبول کیجئے" یہ فنڈ عموماً بیاہ شادی، موت یا کسی اور ناگہانی مصیبت کے وقت جوانوں کی مدد کرنے میں کام آتا ہے۔

کرنل بہل نے چیک قبول کیا۔ "میں یونٹ کے تمام افسران اور جوانوں کی طرف سے آپ کا بے حد شکریہ ادا کرتا ہوں۔ لیکن آپ کو یہ زحمت نہ اٹھانی چاہیے تھی!"

"کرنل صاحب یہ تو ہمارا فرض تھا!" اور ہم نے کرنل صاحب اور دیگر افسران سے مصافحہ کرتے ہوئے رخصت چاہی۔

آئندہ ملاقاتوں کا پروگرام بناتے ہوئے اور بائی بائی، ٹاٹا، کے شور میں بس دھیرے دھیرے آگے بڑھنے لگی۔ بس ملٹری کیمپ کی سڑکوں سے ہوتی ہوئی سری نگر لیہہ شاہراہ پر پہنچ گئی۔ سڑک کے کنارے ہر طرح کے

گودام تھے۔ کہیں پٹرول کہیں کولتار، کہیں سڑکیں بنانے کے لیے سامان، کہیں مٹی کا تیل اور کہیں ڈیزل۔ اب بھی کچھ ٹرک شہد کی مکھیوں کی طرح اس چھتوں کو بھرنے کی کوشش میں اپنا سامان اتار رہے تھے۔ کیوں کہ سردیوں کا موسم آتے ہی لداخ کو باقی دنیا سے الگ تھلگ رہ کر نہ صرف زندہ رہنا تھا بلکہ ضرورت پڑنے پر جنگ کے لیے تیاری بھی لازمی تھی۔ اور اس کے لیے کل سے زیادہ 'آج'، اہم تھا۔ کیوں کہ آنے والے کل پر مکمل بھروسہ نہیں کیا جا سکتا۔

اب ہم کرگل کی سب سے بلند چوٹی کے پاس سے گزر رہے تھے۔ جسے دوردرشن کے ٹرانسمیٹر کو پرچم کی طرح لہرانے کا فخر حاصل تھا۔ اس پہاڑی کے موڑ کے ساتھ ہی ہمارے سامنے پھیلا ہوا گولف کورس، ہوائی پٹی، کرگل شہر اور ملٹری کیمپ، سب کے سب آنکھوں سے اوجھل ہو گئے۔ اب ہمارے سامنے پہاڑیوں اور وادیوں کے کئی سلسلے پھیلے ہوئے تھے۔ ہمارے آگے پیچھے بسیں اور ٹرک جا رہے تھے۔ صبح کی پہلی کرن کے ساتھ ہی یہ شاہراہ ایک دفعہ پھر چمک اٹھی تھی۔ بس کی مسلسل حرکت اور شور اب مسافروں کو لوریاں دینے لگے تھے۔

تھوڑی دیر بعد جب ہماری آنکھ کھلی تو ہم کرگل سے ۲۵ کلومیٹر دور مُلبیخ پہنچ گئے تھے۔ بس ٹھیک اس مقام پر رکی تھی جہاں سڑک کے عین سامنے ایک بہت بڑی چٹان پر ایک دیو قامت بودھی مجسمہ کھدا ہوا تھا، میتری بدھا اوتار کا۔ اسے دیکھتے ہی بیشتر نے اپنے اپنے کیمرے سنبھال لیے اور مجسمہ کو دیکھنے کے لیے ہم سب بس سے اتر گئے۔ کہا جاتا ہے کہ یہ مجسمہ پہلی صدی عیسوی کے زمانے کا ہے، جب بدھ مت لداخ میں داخل ہوا تھا۔ حیرانی کی بات یہ ہے کہ

اس مجسمے میں تبت کی تہذیب سے زیادہ بھارتی تہذیب کے اثرات دکھائی دیتے ہیں۔ میتری بدھ جو مہاتما بدھ کے اوتار مانے جاتے ہیں، بالکل وشنو دیوتا جیسے انداز میں کھڑے ہیں۔ یوں معلوم ہوتا ہے جیسے ہندو دھرم کی مضبوط روایتوں نے تبت سے آئے ہوئے بدھ دھرم کو اپنے ہی سانچے میں ڈھال لیا تھا۔ اس کا مزید ثبوت ہمیں بعد میں بودھی تہذیب میں جگہ جگہ پر ملا۔ یہاں تک کہ لداخ کے لاما لوگ ویشنوی لاما ہی کہلائے جاتے ہیں۔

لنچ پہنچ کر اچانک احساس ہوا کہ ہم مسلم لداخ کو چھوڑ کر بودھی لداخ میں داخل ہو گئے تھے۔ تصدیق کے طور پر اب بودھیوں کا گورو منتر، اوم منی پدمی ہوم (کنول کے پھول میں لو اس کرتا ہیرا) جگہ جگہ لکھا دکھائی دینے لگا اس کے علاوہ ہر مقدس جگہ پر اونچے اونچے سفید جھنڈے لہراتے نظر آ رہے تھے۔ یہ جھنڈے کچھ تعظیم کی خاطر اور کچھ بطور شکرانہ نصیب کیے جاتے تھے۔

ہم ابھی چائے پینے کے بعد سستا ہی رہے تھے کہ بس نے ہارن بجا کر روانگی کا اعلان کر دیا۔ یہاں سے درہ نمی کلا (اونچائی ۱۲۲۰۰ فٹ) کی چڑھائی شروع ہو جاتی ہے۔ درہ پار کرنے کے بعد تھوڑی سی اترائی کے بعد بودھ کھابرو نامی ایک چھوٹا سا گاؤں ہے۔ یہاں سے پھر درۂ فوتو لا کی چڑھائی شروع ہو جاتی ہے۔ فوتو لا اس شاہراہ میں سب سے اونچا درہ ہے۔ جو تقریباً ۱۶ ہزار فٹ کی اونچائی پر ہے۔ اس درہ پر پہنچتے ہی سنسناتی تیز ہواؤں نے ہمارا سواگت کیا۔ درہ کے آس پاس کے کوہستانوں کا منظر روح لرزانے کے لیے کافی تھا۔ اونچی اونچی نوکیلی چوٹیاں، برف، سبزے سے بے نیاز ہو کے عالم میں بھیانک نظارہ پیش کرتی ہیں۔ لیکن اس کے ساتھ یہ بھی سچ

ہے کہ اس نظارے کا بھی اپنا انفرادی حسن ہے۔ بدلتی روشنی میں یہ چوٹیاں اور پہاڑ کئی رنگ جھلکاتے ہیں۔ زردی مائل، خاکی، بادامی، سُرمئی، اودے، گیروے، اور نہ جانے کون کون سے ——— روشنی تو صرف سات رنگوں کا مرکب ہے۔ لیکن یہاں کتنے ہی نئے نئے ملے جُلے رنگ دیکھنے کو مل رہے تھے۔ خدایا! یہ منظر تھا کہ چھلاوا! انسان ایک بار تو خود اپنے حواس پر شک کرنے لگتا ہے! درّے کی چڑھائی اترتے ہوئے اس سحر زدہ ماحول میں ایک انوکھی بس نظر آئی۔ یہ بس عام بسوں کے مقابلے میں کافی بڑی ہے۔ اس کے چاروں طرف شفاف پلاسٹک کا خول ہے، جس کے آر پار بخوبی دیکھا جا سکتا ہے۔ اس کی چھت پر بڑے بڑے روشن دان ہیں۔ جو کھولے اور بند کیے جا سکتے ہیں۔ اس دو منزلہ بس کی . . . . . . لمبائی میں سیٹیں اس طرح سے نصب ہیں کہ ہر سیٹ کے لوگ اپنی طرف کا بے روک ٹوک مکمل نظارہ کر سکتے ہیں۔ سیٹیں بیٹھنے اور سونے دونوں کے کام آسکتی ہیں اور اس کے نیچے یا پھر بس کی تہوں میں سامان رکھنے کا پورا انتظام ہے۔ بس میں بیٹھے نیم برہنہ عورت مرد ایک دوسرے سے چپکے جوڑے نہ صرف باہر کے نظاروں کا بھرپور لطف لے رہے ہیں بلکہ باہر والوں کو دعوتِ نظارہ بھی دے رہے ہیں۔ بس کے اطراف پر نام لکھا ہے THE EXODUS بہ معنی ہجرت!

یہ بس لندن سے نیپال جا رہی ہے۔ اس میں مغربی ممالک کے بھانت بھانت کے لوگ ہیں۔ جو ان کے لباس، وضع قطع سے ظاہر ہو رہا ہے۔ کہ ہیں سب مغربی کلچر کی پیداوار۔ مغرب مشرق کی طرف 'ہجرت' کرنا چاہ رہا ہے۔ من کی شانتی کی کھوج میں لیکن اس کے ساتھ ہی وہ اپنے کھلے ننگے کلچر کو بھی نہیں چھوڑ پاتا۔ ان میں سے اکثر بیئر پی رہے ہیں۔ کچھ نشے کی پینک میں

ہیں ۔ کچھ اپنے نسوانی پارٹنرز سے چھیڑ چھاڑ میں مصروف ہیں ۔ شاید ایسے کلچر کی پیداوار ہے ہپی ازم، جس کا گھناونا روپ گوا، نیپال، کشمیر کے بعض حصوں کو اپنی زد میں لے چکا ہے ۔ اور جس کے جبڑے اب لداخ جیسے پُر سکون اور مقدس ماحول کو ہڑپ کرنے کے لیے کھل رہے ہیں ۔ کاش یہ ہجرت کا درد اور اس کا صحیح مفہوم جان سکتے ۔ ہجرت نے تو زندگیاں بدل ڈالی ہیں، زندگی کو نئے عنوان دیئے ہیں ۔ ہمت، استقلال اور لگن کا نیا سبق پڑھایا ہے ۔

کچھ منٹوں کے بعد یہ انوکھی بس شاہراہ سے اتر کر لامایارو کی بودھی خانقاہ جانے والے راستے پر مڑ جاتی ہے ۔ بدھ بھگوان زندگی کا صحیح مفہوم جاننے میں ان کی مدد کریں ۔ لداخ کی تہذیب و تمدن کو برے اثرات سے بچائیں ——— یہ دعا میرے لبوں پر بے اختیار آجاتی ہے ۔

شاہراہ سے ہزار فٹ نیچے ہم لامایارو کا گاؤں اور لداخ کی سب سے پرانی خانقاہ دیکھ سکتے ہیں جو دسویں صدی کی یادگار ہے ۔ کہا جاتا ہے کہ اس خانقاہ میں قدیم تبت کا سامان بیش قیمتی علم اور جھنڈے، قالین اور دیواروں پر منقش عظیم تصویریں ہیں ۔ یہاں بودھی آولوکیتشور کے دیو قامت مجسمے کے سامنے آج بھی سینکڑوں راہب عبادت میں ڈوبے رہتے ہیں ۔

ہماری بھی یہی خواہش تھی کہ اس خانقاہ کی زیارت کریں لیکن قلت وقت حائل تھی ۔ ویسے بھی سنیل کا کہنا تھا کہ لیہہ کی دو چار بڑی بڑی خانقاہیں دیکھنے کے بعد ہم عام طور پر بودھی خانقاہوں کی نوعیت سے بخوبی واقف ہو جائیں گے ۔ اس لیے ہر خانقاہ کو دیکھنا اتنا ضروری نہ تھا ۔ پھر بھی لامایارو کی خانقاہ کی بودھ جگت میں بہت اہمیت ہے ۔ اسے وہ بھی تسلیم کرتا تھا ۔

اگر کوئی مجھ سے پوچھے کہ لداخ کے کس حصے نے مجھے سب سے زیادہ متاثر کیا تو میں بلا تامل کہوں گا کہ وہ لامایارو سے خالصی تک کے کوہستانوں کا سلسلہ تھا۔ جو دنیا بھر کے پہاڑوں میں یکتا اور بے مثال تھا۔ لامایارو سے خالصی بلکہ اس سے بھی آگے لگاتار ڈھلان ہے۔ حد نظر تک کھردرے، ویران، اجاڑ پہاڑ، قومی ہیکل جسم ڈراونے! ان بھاری بھرکم پہاڑوں کے سینے پر ہماری بس کی حیثیت کسی دیا سلائی کی ڈبیا سے بھی کم کی ہوگی۔ یکایک ہمارے دائیں طرف نشیب میں پیالے کی شکل میں تراشی سنہری ریت اور چٹانیں چمکتی نظر آئیں یوں معلوم ہوتا تھا جیسے توپ کے گولوں نے جگہ جگہ ریت میں شگاف کیے ہوں۔ بالکل ایسے ہی جیسے چاند کی تصویروں میں نظر آتے ہیں! کہتے ہیں اگر زمین پر چاند کی دھرتی کا صحیح نظارہ کرنا مقصود ہو تو اس کرۂ ارض پر اس سے بہتر جگہ اور کوئی نہیں ہے۔ سنا ہے کہ اس جگہ کی ریت کے نمونے چاند کی ریت سے بے حد مشابہت رکھتے ہیں۔ شاید اسی لیے لداخ کی سرزمین کو کبھی کبھی MOONLAND بھی کہا جاتا ہے۔ حالانکہ چاند سے مشابہت رکھنے والا یہ تھوڑا سا ٹکڑا ہی ہے۔

چلتی بس میں بیٹھے بیٹھے ہم دیر تک اس نظارے سے لطف اندوز ہوتے رہے بلکہ گمان ہوا کہ ہم چاند پر ہی پہنچ گئے ہیں۔ اس نشیب کا رقبہ چند مربع کلو میٹر ہی ہو سکتا ہے جب کہ چاند کی کل زمین اسی طرح کی ہے۔ پھر کچھ دیر بعد یہ نظارہ آنکھوں سے اوجھل ہو گیا۔ لیکن ذہن سے چپک گیا کچھ دیر بعد جب ہم نے دوبارہ کھڑکی کا رخ کیا تو قدرت اپنے دوسرے خزانے کھولے بیٹھی تھی۔ خوب صورت ابھرے دار رنگین پہاڑ جو ہم میں سے کسی نے بھی نہ دیکھے تھے۔ ایسے پہاڑ جن کی چوٹی اگر ایک رنگ کی تھی تو پہاڑ کے

بدن پر دو تین طرح کے واضح شیڈ دیکھے جا سکتے تھے۔

کرشنا بھابی ان نظاروں کو دیکھتے ہوئے بولیں: "کمبخت ٹی شرٹیں بنانے والے یہیں سے ڈیزائن چراتے ہوں گے!"

"دیکھا تم نے ستیش. نسوانی ذہن کو کپڑوں سے متعلق ہی استعارہ سوجھتا ہے۔" پریم بھائی صاحب نے مجھ سے مخاطب ہوتے ہوئے کہا۔

اور ہماری نظروں سے کئی ایسے پہاڑ پھسل گئے. کسی کے آرپار کوئی سبز سی لکیر تھی. کسی پہاڑ پر دو تین رنگوں میں افقی دھاریاں تھیں. کچھ موٹی کچھ پتلی! ایک پہاڑی کو تو چت کبرے دھبوں نے ڈھانپ رکھا تھا. دیکھا! یہ جنگل یونی فارم!" پریم بھائی صاحب کے منھ سے اچانک نکلا" اس میں واقعی ہلکے اور گہرے سبز رنگ کے چکتے سے تھے جو فوجی جنگل مہموں میں استعمال کرتے ہیں تاکہ دشمن کو ان کی موجودگی کی خبر تک نہ ہو سکے. اور وہ جنگل کے رنگوں کا فائدہ اٹھا کر پیش قدمی کرتے رہیں۔

"دیکھا ستیش بھائی صاحب! یہ فوجی دماغ!" یہ کرشنا بھابی کا پریم بھائی صاحب پر جوابی حملہ تھا. تر پت اور میں کھکھلا کر ہنس پڑے۔

ہماری بس اب تیزی سے نیچے اتر رہی تھی۔ اچانک پریم بھائی صاحب چلا اٹھے۔

"وہ دیکھو کتنے ہیرپن موڑ ہیں!" اور ہمارے سامنے موڑوں کا ایک سلسلہ تھا۔ اتنے اکٹھے ہیرپن موڑ ہم میں سے کسی نے نہ دیکھے تھے. بھائی صاحب کے منھ سے یہ اصطلاح فطری گفتگو کے طور پر نکلی تھی۔

اب تو بھائی صاحب بھی نسوانی استعارے استعمال کرنے لگے ہیں. تر پت بول اٹھیں۔

"ہیئر پن" بھائی صاحب غور کرنے لگے۔

"ہاں بھئی نسوانی جوڑے کے پن جیسے موڑ" میں نے بھائی صاحب کی خاطر وضاحت کرتے ہوئے کہا۔ اور پھر ہم سب ایک ساتھ ہنس دیے۔

عموماً پہاڑی سڑکوں پر ہیئر پن موڑوں کا ہونا کوئی زیادہ حیران کن بات نہ تھی، لیکن ان موڑوں کا لگاتار سلسلہ اور اس کثیر تعداد میں یقینی طور پر ایک معمہ تھا۔ ایسے موڑوں کی ضرورت اس وقت ہوتی ہے۔ جب تھوڑے سے فاصلے میں ہی زیادہ اترائی چڑھائی مقصود ہو۔ اس وقت ان موڑوں کے ذریعے دو ایک ہزار فٹ اترنے کا مسئلہ اس طرح سے حل کیا گیا معلوم ہوتا تھا۔

دور نظر ڈالنے پر دو پہاڑوں کے بیچوں بیچ ایک گہری گھاٹی میں سندھ ندی کبھی کبھی ایک چاندی کے تار کی طرح دکھائی دے جاتی۔ میرا قیاس تھا کہ سڑک کم و بیش تین ہزار فٹ نیچے اتر کر سندھ دریا کی سطح تک پہنچتی تھی۔ اترتے اترتے ہم نے حساب لگایا کہ ۱۶ کلومیٹر کی مسافت طے کرنے میں ہم بیس ہیئر پن موڑوں سے گزرے تھے۔ اچانک ہمیں سندھ ندی کے کنارے خالصی میں جموں کے ڈوگرہ وزیر زور آور سنگھ کے قلعے کے کھنڈر دکھائی دینے لگے۔ اس نے یہ قلعہ ۱۸۳۴ء میں لیہہ کے محاصرے کے لیے تیار کروایا تھا۔ اور بعد ازاں اس نے اسی قلعے کو صدر کیمپ بنا کر تبت پر حملہ کیا تھا۔ اور جس میں اسے اپنی جان گنوانی پڑی تھی۔

خالصی پہنچتے پہنچتے ہم سب کو بھوک لگ چکی تھی۔ بس ایک انوکھے وضع کے ڈھابے کے پاس رک گئی۔ اس ڈھابے میں اور اس کے آس پاس کافی کھلی جگہ تھی۔ جہاں گاہک بیٹھ سکتے تھے۔ ڈھابے کی دیوار میں

اور اس میں بیٹھنے کی جگہ کو کولتار کے ناکارہ ڈرموں سے ترتیب دیا گیا تھا۔ یہی ڈرم میز کا کام بھی دیتے تھے۔ اور اس کے آدھے کٹے ہوئے حصے نشستوں کا۔ انہی ڈرموں میں بیل بوٹے اگائے گئے تھے۔ ان سب کو بڑی خوبصورتی سے روغن اور سفیدی سے پوتا گیا تھا۔ یہ ڈھابہ جنوبی ہند کے فوجی نے ریٹائر ہونے کے بعد کھولا تھا۔ جنوبی ہند سے تعلق رکھنے والا لداخ کے دور دراز علاقے میں بسنا پسند کرے گا، انہونی سی بات معلوم ہوتی ہے۔ لیکن یہاں کی خوبصورتی اور سکون اگر کسی پر کمند ڈال دے تو یہ بھی عین ممکن ہوسکتا ہے۔ لوگ تو سات سمندر پار بھی انجانی جگہوں پر جا کر بس جاتے ہیں۔ پھر یہ تو اپنا دیش تھا۔ اس فوجی کے ذوق نفاست کی داد دئے بنا نہیں رہا جا سکتا۔ وہ اس لحاظ سے چنڈی گڑھ کے راگ گارڈن کے خالق نیک رام کا شاگرد معلوم ہوتا تھا۔ سڑک بحال رکھنے کے لیے کولتار کا استعمال ضروری ہے۔ اور ادھر اُدھر پھینکے ہوئے ناکارہ ڈرم اس خوبصورت ماحول میں بدنما داغ ہی دکھائی دیتے۔ اُس فوجی نے ان ڈرموں کو اکٹھا کر کے اپنے ڈھابے کو نہایت سلیقے سے سجا لیا تھا۔

یہاں جنوبی ہند کی روایت کے مطابق کھانے میں ایڈلی، ڈوسہ، سانبھر، وڑے سبھی موجود تھے۔ اگرچہ یہ کھانے مقامی لوگوں کی ضرورتوں کو تو پورا نہ کر پاتے تھے، لیکن فوج اور سیاح اس ڈھابے کی سرپرستی کرنے سے نہ چوکتے ——— ہم لوگوں نے بھی ایڈلی ڈوسے بڑے مزے سے کھائے۔ پریم بھائی صاحب اور کرشنا بھابی جو کوچین میں اپنی ملازمت کے سلسلے میں ایک عرصہ تک رہے تھے۔ اور جنہیں جنوبی ہند کے کھانوں کی پرکھ تھی کا کہنا تھا کہ ایک مدت کے بعد انہیں اتنا لذیذ کھانا نصیب ہوا تھا۔

اس ناشتے کے بعد ہم پھر اپنے سفر پر روانہ ہو گئے۔ اب ہم کوہستانوں کے سلسلے کو چھوڑ کر چھوٹی چھوٹی پہاڑیوں کی وادی میں پہنچ گئے تھے۔ یہ پہاڑیاں بھی نہایت دل چسپ تھیں اور ان کا تنوع حیرت انگیز تھا۔ کہیں باریک کنکریوں کا ڈھیر تھا۔ کہیں بڑے بڑے پتھروں کا۔ کہیں کوئی پہاڑی سلیٹ کے پتھروں کا ڈھیر تھا۔ کہیں بجری رکھی تھی اور کہیں سرخی۔ ایسا لگتا تھا جیسے کسی ٹھیکیدار نے فرمائش کے مطابق یہ تعمیر کا سارا سامان رکھوا دیا ہے۔ اور مزدوروں کے آتے ہی کام شروع ہو جائے گا۔

اگر آپ کو دہلی سے فرید آباد آنے کا اتفاق ہوا ہو تو بدرپور کے پاس مختلف گریڈوں اور رنگوں کی سرخی اور پتھروں کے ڈھیر دکھائی دیے ہوں گے۔ فرق صرف اتنا تھا کہ وہ ڈھیر یا انبار رکھے گئے ہیں، جب کہ یہاں یہ ڈھیر بڑی بڑی پہاڑیوں کی شکل میں تھے۔ قدرت کے ان نرالے مناظر سے محظوظ ہوتے ہوئے ہم لیہہ کے ہموار حصے میں پہنچ گئے تھے۔ ویسے تو وادیٔ لیہہ کا سلسلہ خالصی سے ہی شروع ہو جاتا ہے۔ لیکن الچی کے پاس تو میدانوں جیسے کھیت دکھائی دینے لگے تھے۔ حالانکہ پس منظر میں پہاڑیوں کا سلسلہ بھی پھیلا ہوا تھا۔ سندھ ندی سے جہاں جہاں بھی پانی پہنچایا جا سکتا ہے وہاں ہریالی نظر آنے لگتی ہے۔ یہاں اخروٹ خوبانی کے پیڑ بھی نظر آرہے تھے۔

یہاں سے خانقاہوں کا بھی ایک سلسلہ شروع ہو جاتا ہے۔ گیارہویں صدی میں بنائی گئی الچی کی خانقاہ تبت کے حکمرانوں کی مدد سے بنائی گئی تھی حالانکہ اس خانقاہ میں تبت کے آرٹ سے متعلقہ قیمتی مجسمے، تصویریں اور پوشاکیں ہیں۔ لیکن یہاں ہندوستانی اور مغل آرٹ کے توسط سے بودھی آرٹ کو اجاگر کیا گیا ہے۔

الچی کے بعد آگے کر، فیانگ اور سپی ٹک خانقاہیں ہیں جو سب کی سب پانچ چھ سو سال پرانی ہیں اور جنہیں لیہہ کے حکمرانوں نے اپنے اپنے عہد میں بنوایا تھا۔ کچھ ایسے معلوم ہوتا ہے (جیسے مغل بادشاہوں کی عمارتیں، مسجدیں اور باغات بنوانے کے خبط کی طرح) نمگیال خاندان کے حکمرانوں کو بھی خانقاہیں بنوا کر ایک دوسرے پر سبقت لے جانے کا خبط سوار تھا۔

آخرالذکر سپی ٹک خانقاہ جو ساڑھے پانچ سو سال پرانی ہے ان دنوں لداخ کے ہیڈ لاما نے آباد کی ہوئی ہے۔ اس میں بجلی کا سامان اور دیگر جدید سہولتیں مہیا ہیں۔ یہاں وہ بودھی مقدس جھنڈے اور نادر سامان ہیں جو تبت پر چینی حملہ کے بعد وہاں کے لاما اپنے ساتھ لائے تھے۔ اسی خانقاہ میں بودھی مورتیوں کے ساتھ کالی دیوی کا دیو قامت مجسمہ بھی موجود ہے اور جسے اسی عقیدت کے ساتھ پوجا جاتا ہے۔ برائی پر اچھائی کی فتح، بودھ مت کا ایک اٹوٹ عقیدہ ہے۔ اور ہندوؤں کی کالی دیوی بھی اسی عقیدے کی نمائندگی کرتی ہے۔

ہم بس میں بیٹھے ہوئے ان خانقاہوں کے خدوخال دیکھتے ہوئے لیہہ کے فوجی ٹرانزٹ کیمپ میں پہنچ جاتے ہیں۔ یہ فوجی کیمپ شہر سے پانچ چھ کلو میٹر دور ہے۔ یہاں سے شہر جانے کے لیے کوئی باقاعدہ سواری کا انتظام نہیں ہے۔ اس لیے سنیل نے ہمیں شہر میں کسی ہوٹل میں ٹھہرنے کی رائے دی تھی۔ اتفاق سے ہمیں ٹیکسی مل جاتی ہے اور ہم اپنا سامان ٹیکسی میں منتقل کر دیتے ہیں۔

ہم ابھی تک کوہستانوں کے انوکھے روح پرور نظاروں میں محو ہیں جو ہم سب کے دل و دماغ پر ان مٹ نقوش چھوڑ گئے ہیں۔

قدیم لیہہ

ہماری ٹیکسی لیہہ ایرپورٹ کا احاطہ کرتی شہر کی طرف جارہی تھی۔ سامنے ایک بلند پہاڑی پر لیہہ کا قدیم شاہی محل کسی مشفق ناگ کی طرح پھن اٹھائے اس چھوٹے سے شہر پر اپنا سایہ کیے ہوئے تھا۔ یہ محل لیہہ شہر کی پہچان بن گیا ہے۔ بالکل اسی طرح جیسے لندن کے ساتھ ٹاور برج، پیرس کے ساتھ آئیفل ٹاور یا دہلی کے ساتھ قطب مینار جیسی عمارتوں کی وابستگی طے شدہ امر ہے۔ پڑوسی ملک تبت کی راجدھانی 'لہاسہ' کے ساتھ بھی اسی طرح کا پٹولہ محل جڑا ہوا ہے۔ حیرت کی بات ہے کہ جب تبت میں پٹولہ محل کی تعمیر

ہو رہی تھی، ٹھیک اسی زمانے میں یعنی ۱۵۵۳ء کے لگ بھگ لیہہ میں اسی طرح کا محل بن رہا تھا۔ غالباً ایسے محلوں کی تعمیر کا خیال مشترک رہا ہو گا۔ بہرحال ان دونوں محلوں کی اہمیت ان دونوں شہروں کے لیے ایک جیسی ہے اور پھر بودھ مذہب کے یہ دونوں مرکز بھی ایک دوسرے کا پرتو ہیں۔

گزشتہ زمانے میں لیہہ دنیا کے ریشمی (تجارتی) راستے پر واقع تھا، جس کا ایک سرا تبت سے ہوتے ہوئے چین، اور دوسرا ہندوستان یا پھر وسط ایشیا سے گزرتا، یورپ میں جا کر ختم ہوتا تھا۔ لیہہ سے ایک اور راستہ افغانستان، ایران، عراق اور عرب سے ناتا جوڑے ہوئے تھا۔ اس لحاظ سے لیہہ شہر کو ہمیشہ ایک تاریخی اور تجارتی اہمیت حاصل رہی ہے۔ شاید جس سڑک پر ہم جا رہے تھے، اس پر بھی کسی زمانے میں ساز و سامان سے لدے قافلے، اس تجارتی مرکز کی طرف رواں دواں رہتے ہوں گے۔ اور شہر میں داخل ہونے سے پہلے منزل پر صحیح سلامت پہنچنے کی خوشی میں، ان قافلوں کے تاجر، سرحد پر چھوٹے چھوٹے پتھروں سے بنی ہوئی دیواریں جو مَنی دیوار کہلائی جاتی ہے۔ ایک ایک پتھر کا شکرانے کے طور پر اضافہ کرتے رہے ہوں گے! ایسی دیواریں لداخ کے ہر قصبے کے باہر موجود ہیں اور وہاں آج بھی مسافر عقیدے کے طور پر ایک ایک پتھر رکھ دیتے ہیں۔ کبھی کبھی ان دیواروں کے پاس گھمائے جانے والے ڈرموں کی صورت میں پرارتھنا چکر موجود ہیں، جن پر اوم منی پدم ہوم، یا ایسا ہی کوئی مقدس منتر لکھا رہتا ہے، شاید کسی تسبیح کے دانوں کی طرح ان ڈرموں کو گھمانے سے بھی اتنی بار ان منتروں کا جاپ کرنے کا ثواب ملتا ہو گا۔ غور کیجیے انسانی دماغ اپنی سہل پسندی کی خاطر اپنا مقصد حاصل کرنے کے لیے کیسی کیسی ترکیبیں نکال لیتا ہے۔

ہماری ٹیکسی اب چوگان کے میدان کے پاس ہوتی ہوئی شہر کی مارکیٹ میں سے گزر رہی تھی۔ ہمارے علم کے مطابق یہ مارکیٹ لداخ پر ڈوگرہ حملے کے بعد ۱۸۳۵ء کے لگ بھگ وجود میں آئی تھی۔ ۱۸۹۷ء میں برٹش کمشنر کیپٹن ٹرینچ CAPTAIN TRENCH نے اسے از سرِ نو بنوایا تھا۔ اور یہ اسی شکل میں آج بھی محفوظ ہے۔ مارکیٹ میں ایک ہی وضع اور رقبہ کی دکانیں بنی ہوئی ہیں۔ جنہیں آج لداخی، تبتی، کشمیری اور پنجابی آباد کئے ہوئے ہیں۔ اس مارکیٹ کے بائیں طرف ڈھلواں راستہ ہمیں اپنے ہوٹل کھانگرڑی کی طرف لے گیا۔ اس سڑک پر پانی کے نلوں پر لمبی لمبی قطاریں دکھائی دیں جس سے شہر میں پانی کی کمی کا اندازہ لگایا جا سکتا ہے۔

ٹیکسی کے رکتے ہی ہوٹل کے مالک نے آگے بڑھ کر ہمیں خوش آمدید کہا اور خود اپنی نگرانی میں ہمارا سامان اتروانے لگا۔ میں بھانت بھانت کے ملکوں میں گھوما ہوں اور مجھے کسی بھی ہوٹل کے مالک کا یہ اسلوب ہمیشہ پسند آیا ہے۔ ایسے انداز سے اپنے پن کی خوشبو آتی ہے اور ایک مسافر کے لیے اجنبیت کا احساس مٹ جاتا ہے۔

ہوٹل کے رجسٹر میں اندراج کرتے وقت جب انھوں نے میرا نام پڑھا تو ان کے چہرے پر اشتیاق کی لہر پھیل گئیں۔ "آپ ـــــ آپ تو مشہور افسانہ نگار ہیں نا ؟"

جب میں نے اثبات میں سر ہلایا تو ان کی باچھیں کھل گئیں ـــــ

"میرا نام سجاد حسین ہے ! میں تو ـــــ آپ کو پچھلے تیس سال سے پڑھتا آیا ہوں۔ آخر آج آپ سے ملاقات ہو گئی۔"

میرے لیے اپنے کسی قاری سے کسی انجانی جگہ پر ملنے کا تجربہ نیا تو نہ تھا

لیکن ہمیشہ ہر بار ایک خوشی کا احساس ضرور ہوا ہے! چاہے وہ ناروے کا سرد علاقہ تھا یا لاس اینجلز کا معتدل خطہ، مانٹریل تھا یا نیو یارک!

مجھے یہ جان کر اطمینان ہوا کہ ہماری محنت رائیگاں نہیں گئی اور میری تحریر کتنی انجان آنکھوں کے لیے باعث راحت و دل کشی رہی ہے۔

سجاد حسین صاحب نے رعایتی شرحوں پر اپنے بہترین کمرے ہمارے لئے کھول دیے ——— اور پھر انھوں نے ہمارے کمرے ہی میں پر تکلف اعزازی چائے بھجوادی، میزبان کے بنا یہ چائے ادھوری تھی۔ لہٰذا ہم نے انہیں کمرے میں بلوا بھیجا اور ہم سب نے مل کر چائے پی۔

سجاد حسین صاحب کی بیوی نہ ہونے کی وجہ سے ہوٹل کی تمام نگرانی ان کی شادی شدہ لڑکی کرتی تھی۔ اس کا شوہر شری نگر میڈیکل کالج میں مزید تعلیم کے لیے گیا ہوا تھا۔ انہوں نے اپنی لڑکی اور ہوٹل کے تمام ملازمین کو ہماری اچھی طرح سے دیکھ بھال کے لیے تاکید کردی۔ انہوں نے ہمارے قیام کو یادگار بنانے میں کوئی کسر نہیں چھوڑی۔

سجاد حسین صاحب خود لداخ سے تعلق رکھتے ہیں۔ ہمیں ان سے لداخی اور بودھی تہذیب کو سمجھنے میں بہت مدد ملی۔ انہوں نے اپنے ہوٹل کی لائبریری میں سے لداخی تہذیب کے بارے میں کچھ نادر کتابیں بھی ہمیں بھجوادیں۔

لیہہ میں جہاں پانی کی کمی تھی، وہاں بجلی سپلائی کے بھی مقررہ اوقات تھے۔ تمام شہر میں بجلی ایک ڈیزل جنریٹر سیٹ کے توسط سے سپلائی کی جاتی جو شام کو تین چار گھنٹے چلا کرتا۔ ہوٹل کے کمرے میں مٹی کے تیل کے الہ دین نما لیمپ تھے۔ لیکن کرشمے سے عاری! ان چراغوں میں کوئی قیدی

جن موجود نہ تھا، جو ہماری فرمائشیں بجا لاتا۔ لیکن سجاد حسین صاحب کی نوکروں کی ایک فوج نے کسی قسم کی کمی محسوس نہ ہونے دی۔

لیہہ کی کل آبادی صرف آٹھ ہزار ہے۔ یہاں کے ۹۰ فی صد لوگ بودھی ہیں۔ کہا جاتا ہے کہ یہ شہر چودھویں صدی میں بسایا گیا تھا۔ اس کا حقیقی نام 'سلیہ' یا 'گلیہ' تھا، جو بگڑتے بگڑتے لیہہ بن گیا۔ یہ شہر لداخ کے حکمرانوں کی اولاد کے لیے مبارک ثابت ہوا اور پھر روایت کے طور پر یہ طے ہو گیا کہ شاہی بچے صرف اسی شہر میں پیدا ہوں گے۔ نتیجتاً رفتہ رفتہ یہ شہر محلوں اور خانقاہوں کا شہر بن گیا۔ سولہویں صدی کے شروع میں یارقند اور کشمیر سے آنے والے کچھ مسلمان یہاں آکر بس گئے۔ ان تاجروں کے سربراہ دزاق جُو تھے۔ ۱۵۶۵ء میں جم یانگ نمگیال نے اپنے عہد میں چند مصلحتوں کی بنا پر جب اسکارڈو کی مسلم شہزادی اور گیال خاتون سے شادی کی تو لداخ میں اسلام کا دور باقاعدہ شروع ہو گیا۔ حکمران نے اپنی بیگم کی خاطر لیہہ میں جامع مسجد بنوائی۔ اور پھر اس کے عہد کے بعد رفتہ رفتہ امام باڑہ اور ایک شیعہ مسجد کا بھی اضافہ ہو گیا۔ یہاں مسلمانوں کی آبادی کچھ زیادہ نہیں ـــــــــ لیکن انہیں اپنی مذہبی رسوم ادا کرنے کی مکمل آزادی رہی ہے۔

یہ عجیب اتفاق ہے کہ ہندوستان جہاں بُدھ مت نے جنم لیا اور جہاں سے سمراٹ اشوک اور اس کی اولاد اور پیروکاروں نے لنکا، برما، چین تک بدھ مت کا پیغام پہنچوایا، آج بدھ دھرم کا زیادہ مضبوط مرکز نہیں ہے۔ آج دنیا کی تقریباً ایک تہائی آبادی بودھی ہے جب کہ ہندوستان میں اس کی تعداد آبادی کے ایک فی صد سے بھی کم ہے۔ یہ حقیقت ہے کہ بُدھ مت نے ہندوستان سے باہر فروغ پایا۔ وہیں اپنی جڑیں مضبوط کیں۔

اور پھر ایک نووارد کی طرح براستہ تبت دوبارہ داخل ہوا۔ لداخ میں بھی بدھ دھرم تبت سے آیا ہے۔ اور تبت کے لاموں نے لداخ، بھوٹان، نیپال اور دوسرے پہاڑی علاقوں میں اسے دوبارہ زندگی دی ہے۔

اگرچہ بنیادی عقیدے وہی ہیں، لیکن باہر پروان چڑھنے کے باعث اس میں کئی نمایاں تبدیلیاں واقع ہو چکی ہیں۔ دنیا کے ہر مذہب کو مقامی رسوم و رواج، رہن سہن کے مطابق کچھ سمجھوتے کرنے پڑے ہیں۔ مذہب کا کٹرپن کئی بار اس کے فروغ میں رکاوٹ بن جاتا ہے۔ جن مذاہب نے بدلتے وقت اور ماحول کی نزاکت کو سمجھا ہے وہی رو بہ ترقی رہے ہیں۔ بدھ مت کی دو شاخیں مہایانا اور ہن یانا ہیں۔ ہن یانا کا بنیادی نظریہ شخصی نجات پانا ہے۔ جب کہ مہایانا نجی نجات کے علاوہ دنیا کے دوسرے لوگوں کو بھی روشنی دکھانے اور ان کی مصیبتیں اور دکھ درد بانٹنے میں اعتقاد رکھتا ہے۔ مہایانا شاخ کے پیرو کار چین، جاپان اور تبت کے لوگ ہیں۔ جب کہ ہن یانا کے مزید لنکا، برما، ویٹ نام جیسے ملکوں میں بکثرت ہیں۔

مہایانا شاخ کے عقیدوں میں بھی اصلاح ہوتی رہی ہے اور اس میں بھی دو فریقین موجود ہیں۔ سرخ ٹوپی والے اور پیلی ٹوپی والے تبت میں بودھ مذہب کے ایک مشہور اور نامی مصلح سونگ پا TSONG KPA گزرے ہیں۔ بودھ خانقاہوں میں برسوں تعلیم حاصل کرنے کے بعد ہی راہب لاما کا درجہ حاصل کر پاتے ہیں۔ لاما بناتے وقت انہیں امتیاز کے طور پر سرخ ٹوپی دیے جانے کا رواج تھا۔ کہا جاتا ہے کہ سونگ پالاما کا درجہ حاصل کرنے والوں کی قطار میں آخری شخص تھے۔ جب ان کی باری

آ گئ۔ سرخ ٹوپیوں کا اسٹاک ختم ہو چکا تھا۔ لہٰذا جو ٹوپی بھی فوری طور پر دستیاب ہو سکی، وہ انہیں پہنا دی گئی۔ اتفاق سے یہ ٹوپی پیلے رنگ کی تھی جو سونگ پا نے ہمیشہ کے لیے اپنا لی۔ انہوں نے اپنی زندگی میں بدھ مت کے لیے کئی اصلاحی قدم اٹھائے۔ لہٰذا ان کے پیرو کاروں کو پیلی ٹوپی کے گروپ کا نام دے دیا گیا۔ اور انہوں نے اسی رنگ کی ٹوپیاں پہننی شروع کر دیں۔ بعد میں یہی گروپ تبت میں حاوی ہو گیا۔ موجودہ دلائی لامہ جنہوں نے تبت چھوڑ نے کے بعد ہندوستان میں سکونت اختیار کر لی ہے۔ اسی فرقہ سے تعلق رکھتے ہیں۔ دستور کے مطابق مذہبی تقریبوں میں وہ پیلی ٹوپی پہنتے ہیں۔ لیہہ میں تھکسے خانقاہ پیلی ٹوپیوں والوں کا مرکز ہے جب کہ ہیمس سرخ ٹوپی والوں کا۔ ہمارا پروگرام ان دونوں خانقاہوں کو دیکھنے کا تھا۔

لیہہ میں یہ ہمارا تیسرا دن تھا۔ پہلے دن ہم نے لیہہ شہر کا ایک سرسری طور پر جائزہ لیا۔ سجاد حسین صاحب نے ہمیں اردو کے مقامی افسانہ نگار عبدالغنی شیخ صاحب سے ملوایا تھا۔ شیخ صاحب نے اپنی تصانیف مجھے پڑھنے کو دیں۔ جن میں ان کا افسانوی مجموعہ "زوجیلا کے آر پار" ناول "دل ہی تو ہے" اور "صنم نزیو" کے عنوان سے جو لداخ کے ایک مایۂ ناز سپوت کی سوانح عمری ہے۔ شامل تھیں۔ شام کو جب ہم مقامی ریڈیو اسٹیشن کی مخزن انگمو سے ملاقات کرنے گئے تو شیخ صاحب کو بھی انہوں نے ہمیں ملوانے کے لیے مدعو کیا ہوا تھا۔ یقینی طور پر شیخ صاحب کا شمار لیہہ کی ممتاز ترین ہستیوں میں سے ہے۔

ہم اس صبح ناشتہ ختم کر کے ٹیکسی منگوانے کے چکر میں تھے کہ اچانک ہمیں سنیل، اشیما بچوں سمیت کھانے کے کمرے میں آتے دکھائی دیے ہم

سب ان کو ایکا ایک دیکھ کر حیران رہ گئے۔ کیوں کہ کرگل میں اس کے اس پروگرام کی کوئی اطلاع نہ تھی۔ سنیل نے ہمیں بتایا کہ اچانک ایک سگنل ملنے پر اسے اشد ضروری فوجی کام سے یہیں کے قریب ہی برگیڈ ہیڈ کوارٹر آنا پڑا تھا۔ چونکہ وہ جونگے میں آرہا تھا۔ لہٰذا اشیما اور بچے بھی بخوبی ساتھ آ سکتے تھے۔

"میں جانتی تھی تم ہمیں ہوائی جہاز پر چڑھا کر ہی دم لوگے!" کرشنا بھابھی نے مذاق کرتے ہوئے کہا

"نہیں آنٹی! آپ کا جہاز ابھی تو دو دن میں جائے گا۔ جب کہ ہمیں تو کل صبح ہی کرگل لوٹ جانا ہوگا!"

"ایک طرح سے تو تمہارا آنا مبارک ہے!" ترپت نے کہا۔ "اب ہمیں کسی گائیڈ کی یا ٹیکسی کی ڈھونڈ لے کی ضرورت نہ ہوگی۔"

"یہ تو بالکل ٹھیک ہے ممی ——— لیکن اس سے پہلے ہمیں ناشتہ تو کرواؤ نا!" سنیل نے اپنے مخصوص بے تکلفانہ انداز میں مسکراتے ہوئے کہا

"ہاں بھئی سب بیٹھو تو!" کرسیاں کھسکائی گئیں۔ اور ناشتہ کا آرڈر دے دیا گیا۔

ناشتے کے بعد یہ طے پایا کہ سنیل اور اشیما ہمیں تھکسے خانقاہ چھوڑتے ہوئے برگیڈ ہیڈ کوارٹرز جو کارو KARU میں واقع ہے، چلے جائیں گے جہاں سنیل اپنے کام سے فارغ ہوکر ہمیں وہیں مل جائے گا۔ اور پھر ہم ہیمس خانقاہ اکٹھے چلے جائیں گے۔ جہاں تک اشیما اور بچوں کا پروگرام تھا، وہ کارو میں اپنی چند سہیلیوں کو مل لیں گے۔ اس نے یہ تمام خانقاہیں پہلے سے دیکھ رکھی تھیں اور پھر بچوں کا ان خانقاہوں میں وقت گزار مشکل ہو جائے گا۔ لوٹتی بار ہم انہیں کارو سے لے جا سکتے تھے۔

ہمارا پہلا پڑاؤ شے خانقاہ تھا۔ ان خانقاہوں کو گھمپا کا نام بھی دیا جاتا ہے۔ میرا قیاس ہے گھمپا غالباً گپھا (غار) کی بگڑی ہوئی شکل ہے۔ زمانۂ قدیم میں اکثر خانقاہیں کسی نہ کسی گپھا میں بنائی جاتی تھیں۔ جیسے اپنے یہاں ایجنتا کی گپھائیں ہیں۔ رفتہ رفتہ انسان گپھاؤں سے نکل کر کھلے میں عمارتیں بنانے لگا۔ تو ہر خانقاہ کو گھمپا کا ہی نام دیا جانے لگا ہوگا۔

ہوٹل سے ایرپورٹ تک تو وہی سڑک تھی جس سے ہم کرگل سے آئے تھے، لیکن ایرپورٹ پہنچتے ہی ہمارا جونگا بائیں طرف کی ایک سڑک پر گھوم گیا سنیل نے بتایا کہ یہ سڑک کارو ہوتی ہوئی نیرا اور پھر لداخ چین سرحد پر پہنچ جاتی ہے۔ اور جہاں سے مقبوضہ علاقہ اور پھر تبت کی سرزمین شروع ہو جاتی ہے اسی سڑک پر اٹھارہ ہزار فٹ کی بلندی پر کھردونگلا درّہ ہے اور اس طرح سے سڑک کو دنیا بھر کی سب سے اونچی سڑک ہونے کا فخر حاصل ہے۔ ایسی اونچائی جس پر انسان خدا سے باتیں کرتا محسوس کرتا ہے۔

تقریباً سولہ کلومیٹر جانے پر۔ ہمیں ایک پہاڑی پر محل سا دکھائی دیا۔ اس کے قریب ہی لداخ کا وجے مینار کا ایک حصہ دکھائی دے رہا تھا۔ یہ محل اور وجے مینار نامور راجہ سنگے نم گیال نے ۱۶۴۵ء میں بنوایا تھا۔ اس کے قریب ہی شے گمپھا ہے جس میں میتری بدھ کا عالی شان ۴۰ فٹ اونچا دیوقامت مجسمہ ہے۔ جسے دو منزلہ عمارت گھیرے ہوئے ہے۔ اس مجسمہ کا سر ۸ فٹ چوڑا ہے۔ یہ مجسمہ لیہہ کی سیمو گمپھا میں نصب مجسمے کا بیش قیمت اعلیٰ چربہ ہے۔ راجہ سنگے نم گیال کی ہر تعمیر خوب کو خوب تر بنانے کی کوشش رہی ہے پیتل اور تانبے میں ڈھلا یہ مجسمہ جگہ جگہ سونے چاندی کی پرتوں سے منڈھا ہے۔ اس کی نفاست دیکھتے ہی بنتی ہے۔ اس کی خوب صورت ساخت کی داد دیے بنا

نہیں رہا جاسکتا۔ اس مجسمے کے سر پر بنے تاج پر ہندو دیوی دیوتاؤں کے نقش ہیں جو اس بات کا واضح ثبوت ہیں کہ بدھ دھرم نے بھی ہندو دھرم کے اثرات قبول کیے ہیں۔ اگرچہ شو کا تصور آریہ کلچر سے کہیں پہلے دروا‌ڑی تہذیب میں ملتا ہے۔ لیکن برہما، شو، پاربتی اور گنیش غالبًا ہندوستان کے ہر مذہب میں کہیں نہ کہیں کسی نہ کسی روپ میں مل جاتے ہیں۔

ہم نے اس عمارت اور مجسمے کے کچھ فوٹو کھینچے کرشنا بھابی اور نرپت کو اس دیوقامت مجسمے کے پاس کھڑے ہونے کے لیے رضامند کیا تاکہ اس مجسمے کی قدوقامت کا صحیح اندازہ ہو سکے۔

ہم اس عالی شان مجسمے کے بارے میں غور کرتے ہوئے اپنے اگلے پڑاؤ کی طرف چل دیے۔ اس سے تھوڑی دور اونچی پہاڑی کی چوٹی پر قبضہ جمائے تھکسے گمپھا اپنے سامنے پھیلی ہوئی وادی سندھ پر بھرپور نظر ڈالتی ہوئی دکھائی دیتی ہے۔ یہ گمپھا زینہ بہ زینہ سر اٹھاتی چلی جاتی ہے۔ اس گمپھا میں دس مندر ہیں، جن میں ساٹھ سے زیادہ لاما اور کچھ راہبیں مرد راہبوں کی طرح سر منڈائے ہوئے رہتی ہیں۔ اس کے علاوہ بہت سے لڑکے راہب بننے کے لیے یہاں آتے ہیں۔ ہم اس بڑے سے ہال میں بھی گئے۔ جہاں لاما لوگ جاپ اور پوجا میں محو نظر آتے تھے۔ اس ہال میں کئی کھلے خانے والی الماریاں ہیں، جہاں تبتی زبان میں لکھا، بودھ دھرم کا انمول سرمایہ صدیوں پرانی کتابوں اور مسودوں کی شکل میں محفوظ رکھا ہے۔ ان سب خانقاہوں میں یاک کے گھی کی بدبو دور دور تک پھیلی ہوئی تھی۔ یاک YAK بھینس کی قسم کا سینگ دار جانور ہے۔ جس کا دودھ پینے اور گھی بنانے کے کام آتا ہے۔ یہی گھی اکثر دیوں میں جلتا ہے۔ اس دودھ اور گھی کی انوکھی بُو کو جس سے ہم لوگ

جو مانوس نہیں ہیں، بد بو ہی کہہ سکتے ہیں۔ یہ جانور بار برداری کے لیے بھی کار آمد ہے۔

اسی گمپھا میں تبت سے لایا گیا پیتل میں ڈھلا ایک بلند ستون ہے، جس کے چاروں طرف تبتی زبان میں بدھ کے فرمان کندہ ہیں۔ کہا جاتا ہے یہ خانقاہ آٹھ سو سال پرانی ہے۔ اسی خانقاہ کے سربراہ پیلی ٹوپی والے فریق کا درگیاہ رن پوشے ہے۔ اور اسے بودھی دنیا میں نہایت عزت و احترام کی نظر سے دیکھا جاتا ہے۔ چند اور خانقاہوں کے سربراہ بھی رن پوشے کہلاتے ہیں۔ بودھی رن پوشے کو بدھ کا اوتار تسلیم کرتے ہیں اور وہ پیدائشی علامتوں کی بنا پر نہ کہ پڑھائی یا لیاقت کے اعتبار سے یہ مرتبہ حاصل کرتا ہے۔

عموماً ہر خانقاہ کے نائب صدر کو جیلانگ کہتے ہیں۔ جسے کم سے کم بیس سال تک تعلیم حاصل کرنی ہوتی ہے۔ اور جسے بار ہا منطق کے کئی امتحانی مرحلوں سے گزرنا پڑتا ہے۔ اس کے دائیں ہاتھ میں لہراتی بجلی جیسا ہتھیار جو کہ مرکز کی علامت ہے۔ اور بائیں ہاتھ میں ایک گھنٹی رہتی ہے۔ جو مونث کی علامت ہے۔ مذہبی رسوم کی ادائیگی دیکھنے سے تعلق رکھتی ہے۔ ان موقعوں پر وہ اپنے دبلے دبلے ہاتھوں اور مخروطی انگلیوں سے کسی کنسرٹ CONCERT کے کنڈکٹر کی طرح اشارے کرتا رہتا ہے۔ گھنٹے بجانے والا نظریں اٹھائے بغیر، اس کے اشاروں کا منتظر رہتا ہے۔ ہر اشارہ پُرمعنی اور ایک خاص اسلوب کا حامل ہوتا ہے۔

لاما لوگ حساب، سیارہ شناسی نجوم اور جیوتش کے علوم میں مہارت رکھتے ہیں۔ ہر قسم کے لوگ اپنی اپنی مشکلات کے سلسلے میں ان سے اکثر مشورہ لیتے ہیں۔ وہ کٹر ہندوؤں کی طرح روانگی سفر سے پہلے شبھ دن اور گھڑی

کے بارے میں استفسار کرتے ہیں۔

حیرت ہوتی ہے کہ بودھ دھرم جو ہندو دھرم کے توہمات سے نجات دلانے کے لیے وجود میں آیا تھا۔ آج خود توہمات اور رسم ورواج میں جکڑا ہوا معلوم ہوتا ہے۔ آج یہ بھی ذات پات، اونچ نیچ، امیری غریبی کے پھیر میں پھنس گیا ہے۔ ہر خانقاہ پر بدروحوں کو دور رکھنے کے لیے جھنڈوں رنگوں، آوازوں تک کا سہارا لیا جاتا ہے۔ تانترک علم اب بودھی دھرم کا حصہ ہی نہیں بلکہ پوری طرح سے اس پر چھایا ہوا معلوم ہوتا ہے۔

زنانہ راہبوں کو رسوم میں شرکت کی اجازت نہیں ہے۔ اور نہ ہی وہ مذہبی شاستر پڑھ سکتی ہیں۔ اس لحاظ سے آج کے زمانے میں بودھی دھرم کچھ پچھڑا سا معلوم پڑتا ہے۔

ہم تھِلے خانقاہ دیکھ کر اتر ہی رہے تھے۔ جب سنیل ہمیں جونگا لے کر آتا دکھائی دیا ——— ہم جونگے میں بیٹھ کر ہیمس گمپھا کی طرف روانہ ہو گئے۔ تھکے سے کچھ ہی دور ہمیں کچھ سمادھی نما تعمیرات دکھائی دیں۔ سنیل نے ہمیں بتایا کہ ایسی تعمیرات کو 'چورٹن' کا نام دیا جاتا ہے۔ یہ داہ سنسکار کی بھٹی بھی ہے۔ اور سمادھی بھی۔ لداخ بھر میں ایندھن کی سخت کمی کے باعث اس خاص ساخت کی بھٹی میں داہ سنسکار کے لیے بہت ایندھن کا استعمال ہوتا ہے۔ اور ہوا کی رو کے مناسب استعمال ہے۔ داہ سنسکار مکمل ہو جاتا ہے۔ لاش کی راکھ کو مٹی میں گوندھ کر بدھ کی چھوٹی سی مورتی بنا لی جاتی ہے۔ اور پھر اسے سمادھی کا روپ دے دیا جاتا ہے۔ پھر اس چوکور سی تعمیر پر خوب صورت نقش ونگار اور رنگین بیل بوٹے بنا دیے جاتے ہیں۔

کچھ ہی دیر میں سڑک سندھ ندی کے کنارے ہو لیتی ہے۔

سندھ ندی پر اب باندھ بنا کر اس کا پانی بجلی تیار کرنے کے لیے استعمال ہو رہا ہے۔ اس کے علاوہ یہ پانی پمپوں کے ذریعے نکال کر آبپاشی کے کام میں بھی لایا جا رہا ہے۔ ندی کے دونوں طرف پروجیکٹ کی تکمیل کا کام جاری تھا۔ اور پھر ایک پل کے ذریعے ہمارا جونگا دریا پار کر کے گمپھا کی سڑک پر ہو لیتا ہے۔

لیہہ سے چالیس کلومیٹر دور ہیمس گمپھا کی عمارت پہاڑی کے درمیان تھوڑی سی جھانکتی نظر آرہی تھی۔ رفتہ رفتہ مزید اونچائی پر جانے سے پہاڑی کی چوٹی پر گمپھا کی وسیع پھیلی ہوئی عمارت اپنے پورے جاہ وجلال کے ساتھ ہماری آنکھوں کے سامنے تھی۔

مسلم ماں کے بطن سے پیدا ہوا راجہ سنگے نم گیال بودھ دھرم کا مشہور سرپرست اور پیروکار تھا۔ اس خانقاہ میں تبت اور دوسری دور دراز جگہوں سے لائے ٹنکا (علم) درجنوں کی تعداد میں موجود ہیں۔ ہر سال اس میں سے کوئی نہ کوئی ٹنکا خانقاہ کی دیواروں سے خاص تہواروں پر عقیدت مندوں کی زیارت کے لیے پھیلا دیا جاتا ہے۔ اس خانقاہ میں دنیا بھر کا سب سے بڑا ٹنکا رکھا ہوا ہے، جسے اٹھانے کے لیے پچاس راہب درکار ہیں۔ اس ٹنکا کی ریشمی سطح پر کتنے ہی دیوی دیوتاؤں کی مقدس تصویریں شوخ ترین رنگوں میں بنی ہوئی ہیں۔ جب یہ ٹنکا لٹکایا جاتا ہے تو راہبوں کا ایک جلوس رنگ برنگی پوشاکیں پہنے، چہروں پر نقاب چڑھائے ڈھولوں کی ہلکی تھاپ کے ساتھ مٹکتا رہتا ہے۔

ہم ماہ مئی میں لیہہ گئے تھے، جب کہ جون کے شروع میں گورو پدم سنبھو کے یوم پیدائش پر یہاں ہر سال ایک عالی شان میلہ لگتا ہے۔ ہم اس میلے میں تو شریک نہ ہو سکے۔ لیکن ہم نے گمپھا کے وسیع دالان میں راہبوں کو اونچے

اونچے جھنڈوں کی چھایا میں ڈھول اور موسیقی کی تھاپ پر مشق کرتے ضرور دیکھا تھا۔ میلے کے موقع پر بے انتہا روشنیوں کی وجہ سے ساری عمارت ایک بقعۂ نور بن جاتی ہے۔ بدروحیں خوفناک نقاب سیاہ کپڑے پہنے، جن پر کبھی کبھی انسانی پنجر کے نشان بنے رہتے ہیں، اچھی روحوں سے لڑنے کے لیے میدانِ جنگ میں اترتی ہیں۔ سفید، سرخ اور پیلے رنگ اچھی روحوں کے لیے مخصوص ہیں جبکہ سیاہ رنگ سیاہ کاروں کے لیے! ہر مذہبی روایت کے مطابق یہاں بھی نیکی، بدی پر غالب آتی ہے۔

ہیمس گمپھا کی چھت پر بھی بدروحوں کو دور رکھنے کے لیے جھنڈوں کے علاوہ تانبے پیتل میں ڈھلے سنہرے رنگ کے کلس کئی جگہوں پر لگے ہوئے ہیں۔ بہر حال ان خانقاہوں میں یقینی طور پر ایک روحانی سکون میسر تھا۔

ہریمس خانقاہ کے پاس ہی سندھ ندی کی ایک چھوٹی معاون ندی ہے۔ اس ندی کے پاٹ میں پانی کے قریب کچھ خیمے لگے تھے۔ ان خیموں میں برہنہ بدن غیر ملکی عورتیں اور مردوں کی گہما گہمی تھی۔ کچھ جوڑے کمر میں ہاتھ ڈالے، جسم ستائے لیٹے ہوئے تھے۔ کچھ بیئر کے ٹینوں کو خالی کر کے پتھروں پر پھینک کر شوخ دھاتی آوازوں سے لطف اندوز ہو رہے تھے۔

قریب ہی ایک نہایت خوب صورت فارن بس کھڑی تھی۔ جس کی پیشانی پر لکھا تھا: "THE EXODUS"

جدید لیہہ

"کاش ہندوستانی فوج چالیس سال پہلے یہاں آگئی ہوتی۔" آکاش وانی لیہہ کی محترمہ انگمو نہایت سنجیدگی سے کہہ رہی تھیں "تو لداخ کا نقشہ ہی اور ہوتا!"

یہ سرکاری ادارے سے منسلک کسی افسر کا نظریہ نہ تھا بلکہ لداخ کے ہر ذی ہوش روشن خیال اور دانا شخص کا خیال تھا۔ اس نظریے کے پیچھے برسوں سال کی پستی اور محرومیوں کی داستان تھی۔

"ہندوستانی فوج تو یوم آزادی سے ہی لداخ میں موجود رہی ہے۔

اس وقت سے جب قبائلیوں نے کشمیر پر حملہ کر دیا تھا اور گلگت اسکاؤٹس نے پاکستانی فوجی افسروں کی قیادت میں لداخ کی طرف پیش قدمی شروع کر دی تھی "، میں نے کہا۔

" آپ ٹھیک کہتے ہیں!" محترمہ انگمو نے اپنی شیریں ڈھلی ہوئی آواز میں کہا۔ کچھ خاص وصف رہتا ہے۔ ان ریڈیو والوں کی آواز میں۔ آپ یقینی طور پر آواز سے ان کی عمر کا اندازہ نہیں لگا سکتے! محترمہ اگرچہ اڈھیڑ عمر میں پہنچ چکی تھیں، لیکن ان کی آواز کی شوخی اسی طرح اب بھی برقرار تھی

" میں تو یہ کہنا چاہتی تھی کہ فوج کے آنے کے بعد ہم نے صدیوں کی مسافت برسوں میں طے کر لی ہے۔ اگر یہ فوج پہلے آگئی ہوتی تو ہم نے یقیناً مزید ترقی کی ہوتی۔"

اس میں کوئی شک نہیں کہ لداخ میں ترقی کا باب فوج کے آنے کے بعد شروع ہوا۔ عام طور پر فوج کا نام تباہی و بربادی سے جڑا ہوتا ہے۔ لیکن کسی نئی تہذیب کی طرح کبھی کبھی فوج کی آمد بھی سودمند ثابت ہو جاتی ہے کوئی نئی تہذیب ترقی کا سبق دینے نہیں آتی بلکہ صرف اپنی غرض پوری کرنے کے لیے اسے یہ کام مقامی لوگوں کے مفاد کے لیے سرانجام دینا پڑتا ہے۔ اور پھر فوج کی بھی ایک اپنی تہذیب ہوتی ہے۔

کسی بھی فوج کے لیے سب سے اہم ضرورت آمد و رفت کے بھروسہ مند ذرائع اور مقامی رسد کی فراہمی رہتی ہے۔ مقامی لوگوں کا بھرپور تعاون اس کی طاقت ہے۔

آمد و رفت کے ذرائع اور سڑکوں کے بننے سے پہلے لداخ ملک سے الگ تھلگ، پہاڑوں سے گھرا ایک بری جزیرہ، بن کر رہ گیا تھا۔ فوج کی

آمد نے اسے صحیح معنوں میں کشمیر اور ملک کے باقی حصوں سے جوڑ دیا۔ آج بھی اگرچہ سری نگر، لیہہ سڑک سال کے چھ ماہ سے زیادہ بند رہتی ہے۔ مگر باقی کے چھ ماہ کی آمدورفت اور دیش کے دوسرے حصوں سے لائے گئے غذا اور ایندھن کے اسٹاک نے یہاں کی زندگی کی ہیئت بدل کر رکھ دی ہے۔ زندگی کا یہ بدلتا معیار کسی اندھے کے لیے آنکھیں پانے کے مترادف ہے۔

مرحوم ضم تز بو کا شمار جدید لداخ کے معماروں میں ہوتا ہے۔ ایک ذمہ دار انجنیئر کی حیثیت سے ۱۹۴۷ء کے کشمیر پر پاکستانی حملے کے دوران انہوں نے لیہہ کا ہوائی اڈہ تعمیر کرنے میں نمایاں کام کیا۔ کرگل۔ لیہہ جیسی دشوار گزار سڑک بنانے کا سہرا بھی انہیں کے سر ہے۔ خصوصاً خلستی۔ لامایارو حصہ میں ان کی بنائی ہوئی جلیبی نما سڑک کو دیکھ کر بڑے بڑے غیر ملکی انجنیئر دانتوں میں انگلیاں داب لیتے ہیں۔ ۱۹۶۲ء میں کرگل۔ لیہہ شاہراہ مکمل ہونے کی خوشی میں منعقدہ تقریب میں انہوں نے اپنی تقریر کا آغاز کرتے ہوئے کہا تھا۔

"اس سڑک کی تکمیل کے بعد آج میں آپ کو منہ دکھانے کے قابل ہوا ہوں۔ ہم نے اس سڑک کی تعمیر میں بڑے مصائب برداشت کیے۔ مشکل ترین حالات کا سامنا کیا۔ کئی روز وقت پر کھانا نہیں ملا۔ بھوک پیاس سہنی پڑی۔ مجھے خوشی ہے کہ آج ہماری آرزوئیں پوری ہوئی ہیں۔ سڑک کی تعمیر سے لداخی عوام خاص طور پر غریبوں کو فائدہ ہوگا۔"

دراصل یہ الفاظ استعمال کرتے ہوئے انہوں نے بڑی کسر نفسی سے کام لیا تھا۔ کیوں کہ اس سڑک کی تعمیر میں وہ جن ذاتی جوکھموں سے گزرے اور جس ہمت لگن اور استقلال کا ثبوت دیا، وہ لداخ کیا کسی بھی قوم و ملک کے لیے باعث فخر ہے۔ بعد میں ضم تز بو، لداخ کے چیف انجنیئر اور پھر ڈیولپمنٹ کے عہدوں پر رہے۔ پھر

وہ کشمیر کے وزیر بنے اور بعد میں منگولیا میں بھارت کے سفیر بھی رہے۔ انکی سوانح حیات[1] ان کے عزم اور لگن کی جیتی جاگتی داستان ہے اور پڑھنے والے کو بے حد مرعوب کرتی ہے۔

ضم نربو نے ایک کتاب LADDAKH, THE MOONLAND کے پیش لفظ میں لکھا ہے:

زمانہ سلف کا دشوار گزار اور مخفی سرزمین لداخ اب پراسرار شنگریلا[2]، نہیں ہے۔ بلکہ ایک ایسا خطہ ہے جہاں سماجی اور معاشی انقلاب کے لیے عظیم کوششیں ہو رہی ہیں۔ یہ سری نگر کے مابین ۴۳۴ کلومیٹر لمبی سڑک نے ترقی کی راہیں کھول دی ہیں اور یہ لداخیوں کی زندگی میں نئی تبدیلیاں لانے میں ایک موثر ذریعہ ثابت ہو رہی ہے۔"

اس کا ایک ثبوت تو ہر سال سیاحوں کی بڑھتی ہوئی تعداد ہے۔ آج لداخ میں ہر اچھی کوٹھی، مکان و حویلی، ہوٹل یا گیسٹ ہاؤس میں تبدیل ہو چکی ہے۔ یہاں بڑھیا فور اسٹار ہوٹل بھی ہیں جو سیزن کے دوران چار پانچ سو روپے فی دن کمرے کے لیے چارج کرتے ہیں۔ اور کچھ خاطر خواہ گیسٹ ہاؤس بھی جہاں آج بھی دس پندرہ روپے میں رات بسر کرنے کے لیے جگہ مل جاتی ہے۔ اتنے سستے کرائے کے ہوٹل تو ہندوستان کے کسی بھی گوشے میں ایک خواب بن چکے ہیں۔ عموماً چھوٹے سے چھوٹے اور بڑے سے بڑے ہوٹلوں تک میں لداخی

---

[1] ضم نربواز: عبدالغنی شیخ (۱۹۸۰ء)

[2] "شنگریلا" مشہور ناول THE LAST HORIZON میں ایک تصوری شہر ہے جو پہاڑوں کی گود میں واقع ہے اور مکمل امن و خوشحالی کا مرقع ہے۔

ماحول اور بود و باش کے نمایاں پہلوؤں کو برقرار رکھا گیا ہے۔ ہر ایسی جگہ پر لداخی قالینوں کی بھرمار دکھائی دیتی ہے۔ فرش پر نمدے اور قالین تو ہر جگہ ہیں۔ بعض اوقات تختوں اور نششتوں پر بھی قالینوں کی نمائش سی دکھائی دیتی ہے۔ آرائش کے لیے مکھوٹوں رسیوں کا استعمال بھی عام ہے۔

لیہہ میں اکثر کوہ پیمائی کرنے والے غیر ملکی لوگوں کی بھیڑ دکھائی دیتی ہے۔ جدھر نظر دوڑائیے۔ یہ شوقین پیٹھ پر HAVER-SACK میں اپنی زندگی کا تمام اثاثہ باندھے گھومتے نظر آتے ہیں گویا وہ اپنے قافلے کے کوچ کا بے تابی سے انتظار کر رہے ہوں۔ آپ کو وہی لوگ اگلے روز اور اس سے بھی اگلے روز اسی طرح چاق و چوبند حالت میں مل جائیں گے۔ آپ سوچتے رہ جاتے ہیں کہ یہ کیسے قافلے ہیں جو اپنی منزل کی طرف کبھی روانہ نہیں ہوتے۔ شاید اپنی اپنی پیٹھ پر ان بھاری بھرکم HAVERSACK کو لے کر گھومنا بھی ایک فیشن ہو گیا ہے۔ (میں یہ نہیں کہتا کہ ان لوگوں میں سے کوئی بھی مہم باز نہیں بلکہ اکثریت انہی لوگوں کی ہوگی۔ پھر بھی۔ . . . .) یہ لوگ ہاف پینٹ یا جینز پہن کر گھومتے نظر آتے ہیں۔ ان دنوں نیلے رنگ کی جینز قدرے سفیدی مائل نیلگوں جینز میں تبدیل ہو گئی ہے۔ پوچھنے پر معلوم ہوا کہ جس جینز کا رنگ جتنا زیادہ داغِ مفارقت دیتا معلوم پڑے، وہ جینز اتنی ہی بڑھیا قرار دی جاتی ہے۔ اب ان فیشنوں کا حال نہ پوچھیے۔ ہمارے گورنمنٹ کالج لاہور کے دنوں میں بدقسمتی سے ہمارے ایک پروفیسر صاحب کے کوٹ کی کہنیوں کا کپڑا مسک گیا۔ دوسری جنگ کا زمانہ تھا۔ بچت، قلت اور ہر ممکن حد تک کفایت کا دور دورہ تھا۔ انہوں نے ان کہنیوں کو ڈھانپنے کے لیے کوٹ میں چمڑے کے پیوند لگوا لیے۔ پھر کیا تھا ہم میں سے شوقین مزاج طالب علموں نے اپنے اچھے بھلے کوٹوں بلکہ نئے سلوائے جانے والے کوٹوں میں بھی چمڑے کے ایسے پیوند لگوانے پر اصرار کیا

کہنیوں پر پیوند لگوانے کا فیشن ایک سیلاب کی طرح سب کو بہا کر لے گیا۔ اب ان جینز میں سننے میں آیا ہے کہ نیا کپڑا یا نئی سلی سلائی جینز کو خریدتے ہی اسے گھسانے کا غیر فطری عمل شروع ہو جاتا ہے اور پھر ان دنوں تو ملوں سے نیا کپڑا ہی ایسا آنے لگا ہے، جس سے اس کے پرانے اور گھسے ہوئے ہونے کا گمان ہوتا ہے۔ کبھی کبھی جی میں آتا ہے اپنی تمام گھسی، پرانی پینٹیں ان فیشن زدہ لوگوں کے سپرد کر دوں۔ بدنصیبی یہ ہے کہ یہ جینز نہیں ہیں ورنہ اچھی خاصی رقم ہاتھ لگ گئی ہوتی

خیر صاحب بات ہو رہی تھی ہوٹلوں کی لداخی فضا کی۔ اب ان ہوٹلوں کے نام بھی سن لیجیے۔ یاک ٹیل، (یاک کی دم) DRAGON ' IBEX کھانگڑی (لداخی زبان میں کھانگڑی بہ معنی ر پہاڑ) استعمال ہوتا ہے) اب یہ نام ہی لداخی فضا طاری کرنے کے لیے کافی ہیں۔ ہوٹلوں میں یورپی، چینی، ہندوستانی کھانوں کے علاوہ لداخی کھانے کی بھی فرمائش کی جا سکتی ہے۔ لیکن اتفاق سے ان میں کچھ زیادہ تنوع نہیں اور شاید عام لوگوں کو بہت پسند بھی نہ آئیں۔ اسلامی ملکوں کی طرح یہاں بازار میں نان بائی کی اپنی اہمیت ہے۔ اور تقریباً ایسے ملکوں میں ملنے والے تمام اقسام کے نان بہ آسانی میسر ہیں۔

ہوٹل سے باہر نکلنے پر دو منظر دکھائی دیتے ہیں۔ بازار یا پھر نلوں پر پانی کے انتظار میں ٹین، المونیم، کانسی یا پیتل کے ہر وضع کے برتنوں کی لمبی قطار میں یہ منظر کچھ ایسا معلوم ہوتا ہے جیسے دہلی میں کسی دودھ کے ڈپو کے کھلنے سے پہلے خالی بوتلوں کی قطاریں دکھائی دیا کرتی تھیں۔ آج کل تو خیر دودھ پلاسٹک کی تھیلیوں میں ملنے لگا ہے۔ اس زمانے میں ان بوتلوں کے مالک لائن سے ہٹ کر دور گپیں لڑایا کرتے تھے۔ ڈپو کھلتے ہی ہر کوئی اپنی اپنی بوتلوں، برتنوں کو سنبھالتا اور دوبارہ لائن میں اپنی جگہ بنا لیتا تھا۔ یہاں بھی نل ذرا چھینکا تو منتظر لوگوں کی بھیڑ واپس

قطاریں اپنے اپنے برتنوں کے پاس حاضر! ان کی پھرتی دیکھتے ہی بنتی ہے۔
دوسرا بازار کا منظر کچھ ویسے ہی ہے جیسے دہلی کے جن پتھ اور امپیریل ہوٹل (اب تیل بھون کے قریب لگی ہوئی تبتی لوگوں کی، پتھروں منکوں، مالاؤں اور کانسی پیتل کی مختلف اشیاء سے سجی دکانیں! حیرت تو ہمیں تب ہوئی جب ہم نے جن پتھ کے فٹ پاتھ پر لگی ہوئی دکانوں کے کچھ مالکوں کو یہاں بھی یہی دھندا کرتے پہچان لیا۔ سوال کرنے پر معلوم ہوا کہ یہ رئیس زادوں کی طرح گرمیاں بتانے یہاں چلے آتے ہیں اور سردیوں میں جن پتھ پر دکانیں سجاتے ہیں۔ دراصل ان کا دھندا تو سیاح گاہکوں کا پیچھا کرنا ہے۔ چاہے وہ لداخ ہو یا دہلی۔ یہ دوسری بات ہے کہ یہاں ان کے مال کی نوعیت قدرے بدل جاتی ہے۔ لداخ میں فیروزہ پتھر افراط سے ملتا ہے۔ اس لیے اس پتھر سے جڑا ہوا سامان بھی زیادہ نظر آتا ہے۔ تبت اور چین پاس ہونے کی وجہ سے اکثر چین کے بنے اور اسمگل کیے ہوئے سامان کی بہتات ہوتی ہے۔ ملنے کو تو یہ سامان ایسی دکانوں پر دہلی میں بھی مل جاتا ہے۔ لیکن وہاں ایسی بھرمار نہیں۔ لدھیانہ میں تیار کی ہوئی ہوزری بھی یہاں مقامی شال سوئٹروں کے دھوکے میں بک جاتی ہے۔ بڑی دکانوں پر قالین اور طرح طرح کے بھیانک مکھوٹے توجہ کا مرکز بنتے ہیں۔
یہاں کوئی باقاعدہ سینما گھر نہیں ہے، لیکن جگہ جگہ ویڈیو پارلر موجود ہیں۔ جہاں دن کے چار پانچ شو میں مختلف ہندوستانی، انگریزی فلمیں دکھائی جاتی ہیں۔ باقی جگہوں پر ویڈیو اب سینما گھروں کو بند کروا رہے ہیں۔ یہاں ویڈیو دور نے سینما گھروں کو کھلنے کی اجازت ہی نہیں دی۔ اس کی ایک وجہ تو یہاں کی آٹھ ہزار کی محدود سی آبادی ہے۔ یہ بات بھی نہیں کہ لداخی لوگ سینما کے شوقین نہیں لیکن بنیادی طور پر ویڈیو شو بہت سستے ہیں۔ اور ان میں تنوع کے امکانات لامحدود

اب آپ اندازہ لگائیے کہ اگر دس ویڈیو پارلر روزانہ اپنے پانچ شو میں پانچ مختلف فلمیں دکھائیں تو ان پچاس فلموں میں کوئی نہ کوئی فلم تو آپ کی پسند کے مطابق مل ہی جائے گی۔ اور پھر اگر آپ کو اپنی پسند کی کوئی فلم دیکھنا مقصود ہو تو یہ پارلر والے وہی فلم دکھانے کے لیے تیار ہو جائیں گے۔

بشرطیکہ آپ ان کے لیے تھوڑے سے فلم بین اور مہیا کر دیں۔ اور پھر ویڈیو فلموں کی لائبریری کس مرض کی دوا ہے۔ اگر آپ مطلوبہ فلم حاصل نہ کر سکیں۔ ان پارلروں میں سے دو ایک کے ہال بھی کافی کشادہ ہیں۔ جن میں بہ یک وقت سو پچاس آدمی فلم دیکھ سکتے ہیں۔ جس ہال میں ہمیں جانے کا اتفاق ہوا وہاں پانچ روپے کے عوض فلم دیکھتے ہوئے ایک مفت کولڈ ڈرنک کا اہتمام بھی ٹکٹ کی شرح میں شامل تھا۔

کرگل کی طرح یہاں بھی دہلی سے نشر کیا ہوا دوردرشن کا پروگرام ویران شاموں کو کسی حد تک دل چسپ بنانے میں معاون ثابت ہوتا ہے۔

فلموں کی دنیا سے آپ باہر آئیں۔ لیہہ کے دربار روڈ سے لگتی چھنگ گلی آپ کی منتظر ہے۔ جہاں چھنگ تیار کرنے والی دکانوں کی بھیڑ ہے" چھنگ" لداخ کا قومی مشروب ہے۔ جوار، چاول اور نہ جانے کن کن چیزوں سے خمیر اٹھایا ہوا یہ مشروب یاک کے مکھن اور گھی سے تر آپ کی خدمت میں پیش کیا جاتا ہے۔ یہ الگ بات ہے کہ ہم جیسے نووارد اس کے ذائقے سے محظوظ نہ ہوں، لیکن پینے والے اسے بیئر یا وہسکی کی طرح ہی قدرت کی انمول نعمت سمجھتے ہیں۔ چھنگ بنانا بھی ایک فن ہے۔ اور ہر مشروب کی طرح اس کے بھی الگ الگ فارمولے ہیں۔ ہلکی، تیز، مختلف ذائقے لیے ہوئے، سرور کے مختلف معیاروں کے مطابق۔ شادی بیاہ، خوشی، غمی، چھنگ کے بنا ہر دعوت ہر اجتماع ادھورا ہے۔ کسی لڑکی یا لڑکے کی

شادی کا پیغام چھنگ کی صورت میں بھیجا جاتا ہے۔
یہ صحیح ہے کہ دنیا میں زندگی کئی سطحوں اور معیاروں پر جی جاتی ہے۔ یہاں سب سے نچلی سطح پر زندگی بسر کرنے کے بھی کئی مسئلے ہیں۔ ذرائع آمدورفت (جس کا میں پہلے ذکر کر چکا ہوں) کے علاوہ یہاں زندگی کے تین اور بنیادی مسئلے ہیں۔ ٹھہر کا جاڑا، آبپاشی اور پینے کے لیے پانی اور کھانا تک بنانے کے لیے ایندھن کی شدید کمی۔ یہ مشکلات فوج اور اہل لداخ دونوں کے لیے مشترکہ ہیں۔ کیونکہ ہندوستانی فوج زندگی کے بہتر معیاروں سے واقف ہے۔ لہٰذا ان کی فراہمی کی تگ و دو لداخ کے لوگوں کے لیے خوشحالی کا پیغام ثابت ہوئی ہے۔
لیہہ میں آبپاشی کا حل قریب ہی بہتی ہوئی سندھ ندی کے پانی کے ذریعے کیا گیا ہے۔ جہاں ندی کی سطح زمین کی سطح سے نیچی ہے، وہاں پانی ڈیزل پمپوں کی مدد سے نکالا جاتا ہے۔ اس کے علاوہ کئی جگہوں پر چھوٹی چھوٹی نہریں اور نالے بھی بنائے جا رہے ہیں۔ لیہہ کے قریب ہی اس کے پانی کی مدد سے بجلی بھی پیدا کی جانے لگی ہے۔ اب تو لیہہ سے کارو جانے والی سڑک پر خوبانیوں اور دوسرے پھلوں کے اتنے درخت اگ آئے ہیں کہ کہیں کہیں سری نگر جیسی ہریالی نظر آنے لگی ہے۔ صرف سڑک کے کنارے ہی کہیں کہیں صدیوں سے پھیلی ریت کی جنگلی کھاتے ہیں۔ لیکن ابھی منزل کافی دور ہے۔ اس میں شک نہیں کہ شروعات ہو چکی ہے۔
ستکنسا ہائیڈل پروجیکٹ ہفتال آبپاشی پروجیکٹ، کھمبا تھنگ نہر، اپشی، سینچائی پروجیکٹ گرگر تھنگ نہر، کھربا تھنگ سینچائی پروجیکٹ آرمی چھنمو تھنگ نہر وغیرہ واضح ثبوت ہیں کہ آبپاشی کے لیے تگ و دو شروع ہو چکی ہے۔ لداخ کے میدانی علاقوں کی زمین کنواری ہے۔ آبپاشی کے ذرائع وجود میں آتے ہی یہاں کی دھرتی مسکرانے لگے گی۔
فوج کے زراعتی محکمہ نے اپنی تجربہ گاہ میں پھل، سبزیاں اور فصلوں کے

یے مقامی حالات کو مدنظر رکھتے ہوئے نئی نئی اقسام اور ان کے بیج بنانے شروع کر دیے ہیں، جن کی مانگ بڑھتی چلی جا رہی ہے۔ انھوں نے اپنی تجربہ گاہ میں ULTRA VOILET شعاعوں کی مدد سے چودہ کلو وزنی بند گوبھی، سترہ کلو کی مولی، ڈیڑھ کلو وزن کا ایک ایک آلو اور پانچ کلو وزنی شلغم تک اگائے ہیں۔ یہاں یک مسئلہ شدید برف باری اور سردیوں میں سورج کی روشنی کی کمی بھی ہے۔

ممکن ہے ان سہولیات کی فراہمی عام کسان کے لیے ناممکن ہو، لیکن اسے امید کی کرن دکھائی دینے لگی ہے۔ ہم نے خود ان تجربہ گاہوں میں جاکر مختلف تجربے ہوتے دیکھے اور ہمیں یقین ہو گیا کہ لداخ میں جلد ہی خوشحالی کا نیا دور شروع ہونے والا ہے

اسی تجربہ گاہ سے جڑے ہوئے ایک اور ادارے میں بھیڑ بکریوں، مویشیوں اور پولٹری کی نسلوں کی افزائش کے لیے بھی تجربے کیے جا رہے ہیں۔ تاکہ بہتر نسلوں کے ذریعے جو مقامی آب و ہوا سے مانوس ہوں۔ زیادہ دودھ، اون، گوشت اور انڈے حاصل کیے جا سکیں۔

جیسا کہ پہلے ذکر آچکا ہے۔ یہاں سورج کی کرنیں عمودی پڑنے کی وجہ سے زیادہ گرم ہیں۔ اس کا فائدہ سورج کی شعاعوں سے کھانا پکانے اور پانی گرم کرنے والے آلات کی صورت میں ہونا شروع ہو گیا ہے۔ ایندھن کی کمی سورج کی کرنوں سے کسی حد تک پوری کی جا سکتی ہے۔ یوں تو شعاعیں ملک کے کچھ حصوں میں بجلی پیدا کرنے اور پمپوں کے ذریعے پانی نکالنے کے کام میں لائی جانے لگی ہیں۔ لیکن ان حالات میں جہاں موسم سرما بہت لمبا ہو۔ شاید ان سے اس قدر زیادہ استفادہ نہ کیا جا سکے۔ پھر بھی ان دشوار حالات میں کسی حد تک یہ طریقے کچھ راحت تو ضرور پہنچا سکتے ہیں۔ چند ہوٹلوں میں تو ایسے آلات کا استعمال شروع ہو گیا ہے۔

لداخ کے پہاڑوں میں نہایت قیمتی معدنیات کے ذخیرے ہیں ۔ اکثر پہاڑوں کا خوش نما رنگ انہی معدنیات کی دین ہے۔ ان معدنیات میں تانبا، گندھک، چونا، بوریکس کرومائیٹ وغیرہ شامل ہیں۔ شائی اک دریا کی ریت میں سونے کے ذرّات بھی ملتے ہیں۔ یہ ذخیرے آمدورفت کے ناکافی ذرائع اور کھدائی کی جدید ترین مشینیں نہ ہونے کی وجہ سے دفن پڑے ہیں۔ اس میں کوئی شک نہیں کہ بنیادی ضروریات کے حصول کے بعد سرکار اور لوگوں کی توجہ ان پر بھی ضرور جائے گی، لیکن یہ تبھی ممکن ہے جب زندگی نچلی سطح سے اٹھ کر اوپر کی سطح کی طرف کروٹ لے گی۔

اس کا کیا کیا جائے کہ جہاں نعمتیں موجود ہوں گی وہاں ان کی قیمت چند لعنتوں سے بھی چکانی پڑتی ہے۔ اس کا ایک تازہ ثبوت لیہہ کی تاریخ میں پہلی بار ایک جیل خانے کی صورت میں تشکیل پا رہا ہے۔

لداخی تہذیب اور رسم رواج

لداخی تہذیب تبت سے آئے بودھ شمالی ہند اور کشمیر کے مون قبیلوں اور وسط ایشیا ر بالٹستان کے دارڑ اور منگولوں کے رسم و رواج اور اعتقادوں سے گندھی ہے۔ یہاں کی غیر مہمان نواز چوٹیوں، برفیلی ہواؤں اور جغرافیائی حقیقتوں کی ضربیں سہہ کر۔ ایک خود ساختہ سانچے میں ڈھلی ہے۔ یہاں لوگ صرف اپنی ہمت اور جفاکشی کے باعث ہی زندہ رہے ہیں۔ جس کی داد دینا ہی ہوگی۔ جہاں قدرت کی بے رحمی اور سفا کی کو انہوں نے برداشت کیا ہے۔ وہاں قدرت کے حسین نظاروں نے انہیں روحانی سکون بھی بخشا ہے۔ اور جمالیاتی حُسن بھی۔ قدرت نے انہیں سکھایا ہے کہ زندگی ایک

انمول دین ہے۔ نفاق، تنگ نظری اور بے اعتباری انہیں تباہی کے غار میں ہی دھکیل سکتے ہیں۔ مذہب اور عقیدے زندگی سے بلند نہیں بلکہ صحیح زندگی گذارنے کے گر سکھاتے ہیں، پیار اور ہمدردی کا درس دیتے ہیں۔ ایندھن کی کمی نے ایک ہی خاندان کے بودھی اور مسلمان بھائیوں کو ایک ہی ہانڈی میں کاٹھ کی دیوار بنا کر گوشت اور سبزی کو ساتھ ساتھ پکانے پر مجبور کیا ہے تاکہ ایک دوسرے کے عقیدوں کو ٹھیس نہ پہنچ سکے! اس سے بڑھ کر مذہبی رواداری کی اور کیا مثال ہو سکتی ہے؟

کسی منچلے کا کہنا ہے کہ دنیا کے کٹر مذہب پرستوں کو لداخ کی چوٹیوں پر بھیج دینا چاہیے تاکہ مذہبی تنگ نظروں کو بھول کر وہ انسانیت کا سبق سیکھ سکیں۔

یہاں کے بودھی حکمرانوں نے وقت اور حالات کے تقاضوں کو سمجھتے ہوئے امن کی خاطر مسلم شہزادیوں سے اور بودھی شہزادیوں نے مسلم حکمرانوں سے شادیاں کی ہیں۔ بودھی حکمرانوں نے ان رانیوں کو بھی وہ جاہ و مرتبہ اور سہولیات مہیا کیں تاکہ وہ بلا خوف وخطر اپنے مذہب اور عقیدوں کے تقاضوں کو نبھا سکیں۔ ۱۵۵۵ء میں لداخ کے حکمراں جم یانگ نم گیال نے سکاردو کے شاہ علی شیر کی دختر شہزادی ارگیال خاتون سے شادی کی۔ اسی طرح سے اس نے اپنی لڑکی کی شادی علی شیر سے کرنے میں کوئی تامل محسوس نہیں کیا۔ یہ تقریباً اسی زمانے کا ذکر ہے جب مغل شہنشاہ اکبر اعظم کو بھی جے پور کی رانی جودھا بائی سے شادی کر کے اپنے اقتدار کو مستحکم کرنے کا خیال آیا تھا۔ جم یانگ اور ارگیال خاتون کے لڑکے سنگے نم گیال نے جہاں ہیمس اور ہنلے جیسی بودھی خانقاہوں کی تعمیر کروائی وہاں یہہ میں اس نے اپنی ماں کے لیے ترکی اور ایرانی نمونے کی ایک عالیشان مسجد بھی بنوائی۔

اسی طرح تقریباً سو سال بعد ۱۶۶۵ء میں کرگل کے حکمراں نے بھی اسکاردو

کی ہی مسلم شہزادی تبلا سے شادی کی اور اس طرح سے یہ دونوں حکمراں بودھی مسلم اتحاد کے بانی ثابت ہوئے۔

یہ باہمی خلوص، پیار یکطرفہ نہ تھا۔ میں پہلے بھی ذکر کر چکا ہوں کہ ۱۹۷۶ء میں جب دلائی لاسہ نے لداخ کا پروگرام بناتے وقت مسلم کرگل کو نظر انداز کیا تو کرگل کے مسلمانوں نے اس ناانصافی کے خلاف سخت احتجاج کیا۔ اور دلائی لامہ کو مجبوراً کرگل بھی اپنے پروگرام میں شامل کرنا پڑا۔ کرگل میں ان کی آمد کا اتنا ہی شاندار سواگت ہوا جو کسی دوسرے بودھی علاقے میں ہوا تھا۔ لداخ کے ایک ہی گھرانے کے دو بھائیوں کا بودھی اور مسلمان ہونا بالکل غیر متوقع نہیں ہے۔ نتیجہ کے طور پر دونوں فریق ایک دوسرے کی تقریبوں میں اسی ذوق شوق کے ساتھ شامل ہوتے ہیں

لداخ کی تاریخ بہت پرانی ہے۔ مشہور چینی سیاح فاہیان اور اوکانگ کے زمانے ۴۰۰ء سے لے کر یہ آج تک سیاحوں کی توجہ کا مرکز بنا رہا ہے۔ فاہیان یہاں ایک ماہ تک رہا۔ اس نے لداخیوں کے بارے میں لکھا ہے کہ وہ بودھی ہیں اور اس ملک میں بلا کی سردی تھی۔ اور ان برفیلی علاقوں میں تھوڑے بہت مکہ کے سوا کچھ بھی پیدا نہیں ہوتا۔

اس سے ظاہر ہے کہ لداخ میں اس وقت بھی بودھ مت کا دور دورہ تھا ہندوستانی بدھ دھرم اور یہاں کے دھرم میں کوئی فرق نہ تھا سوائے 'پرا تھنا چکر' PRAYER-WHEEL کے جو آج بھی یہاں موجود ہے۔

لداخیوں کی روزمرہ زندگی مذہبی رسوم اور عقیدوں پر مبنی ہے۔ ان کے لبوں پر بودھی کتابوں کے شلوک رہتے ہیں۔ وہ کام کاج کرتے اور گھومتے پھرتے ہوئے بھی اپنا پراتھنا چکر گھماتے رہتے ہیں۔ اونچی چٹانوں اور چوٹیوں پر، مکانوں اور رہائش گاہوں کی چھتوں پر سفید، پراتھنا جھنڈے، لہراتے رہتے ہیں۔ وہ

طوفان برفباری، اژالہ باری کو آسمانی قوتوں کا قہر مانتے ہیں اور زمین کی زرخیزی اور فصلوں کو ان کی نگاہ کرم کچھ بھی کرنے سے پہلے وہ قدرت کی رضامندی حاصل لینا ضروری مانتے ہیں۔ ان طاقتوں کو خوش کرنے کے لیے انہیں چڑھاوا پیش کرنا۔ اور ان کی خوشنودی حاصل کرنا بہت اہم ہے۔ رئیسوں اور خانہ بدوشوں تک کے گھروں میں دیئے روشن کرنا ضروری ہے۔ لوگوں کا عقیدہ ہے کہ انہیں بار بار پیدا ہونا ہے اور وہ اپنی زندگی میں اچھے اعمال کر کے ہی بلند تر اور اعلیٰ جنم حاصل کر سکتے ہیں۔ دیش کا اعلیٰ مذہبی ادارہ ہی ان کی زندگیوں کے فیصلے کر سکتا ہے۔ ان کے نزدیک معمولی سے معمولی راہب بھی عزت کا مستحق ہے۔ اور لوگ اعلیٰ شرفا کی طرح انہیں 'کشو' کہہ کر پکارتے ہیں کیونکہ اس کا تعلق مذہبی جماعت سے ہے۔ بودھ دھرم کے عقیدوں پر ان کا مکمل ایمان ہے اور ان سے کوئی بھی اختلاف کفر ہے۔

لایقینی، ڈر، مال وجان کی حفاظت، خوشحالی کی تمنا وہ بنیادی انسانی ضرورتیں ہیں جو ہر کسی کو مذہب کا سہارا ڈھونڈنے پر راغب کرتی ہیں۔ جن لوگوں کو قدرت کی سنگینی اور قہر کا تجربہ رہتا ہے۔ ان کے اعتقادات بھی اتنے ہی مضبوط بن جاتے ہیں اور ان کی زندگی توہمات اور اندھ وشواسی کی بیساکھیوں کا سہارا لینے پر مجبور ہو جاتی ہے۔ اس لیے کچھ عجب نہیں کہ ہر سفر سے پہلے، ہر کام شروع کرنے سے قبل، لوگ خانقاہوں کے راہبوں اور لاموں سے مشورہ کرنا ضروری سمجھتے ہیں۔ ہر تہذیب کی طرح ایمان اور سائنس کی جنگ یہاں بھی شروع ہونا لازمی ہے۔ لیکن اس وقت تو ایمان کا پلڑا بھاری ہے۔

ہر لداخی اچھائی اور برائی کی جنگ میں وشواس رکھتا ہے۔ برائی پر اچھائی کی فتح پر بھی اس کا مکمل یقین ہے۔ وہ اپنی خانقاہوں، گھروں میں برائی کی طاقتوں سے بچنے کے لیے ہر طرح کے ٹوٹکے بھی استعمال کرتا ہے۔ اس کی بیشتر رسومات میں یہ

پہلو بہت شدت سے ابھر کر آتا ہے ۔یہی پہلو ان خانقاہوں میں پیش کیے جانے والے ڈراموں اور رقصوں میں بھی نمایاں ہے ۔ برائی کی طاقتوں کے نقاب بھیانک دہشت ناک چہرے اور سیاہ لباس بھی اسی پہلو کے ضامن ہیں ۔ظلمات اور اندھیرا بھی برائی کے نقیب ہیں روشنی اور نور نیک نیتی اور پاکبازی کی غمازی کرتے ہیں سفید سرخ، کیسری، اور زرد رنگ نیکی اور اچھائی کی نمائندگی کرتے ہیں ۔یہی احوال صورت ہندو دھرم اور مسیحائی مذہب کے ابتدائی ڈراموں اور رقصوں میں بھی کارفرما رہی ہے ۔

کسی بھی ملک کے رسم ورواج کے لیے اس کی معاشیات بہت ذمہ دار ہوتی ہیں زمین وجائداد کے سلسلے میں بڑا لڑکا وارث مانا جاتا ہے ۔چونکہ یہ اثاثہ بے حد محدود ہوتا ہے ۔لہٰذا اس کا بٹوارہ سماج اور افراد کے حق میں زیادہ سودمند نہیں ہوسکتا۔ بڑے لڑکے کے ذمے چھوٹے بھائی بہنوں کی نگہداشت وپرورش رہتی ہے۔ لیکن کچھ غربت اور زیادہ انسانی خود غرضی کی وجہ سے چھوٹے بھائی بہن اپنے حقوق سے محروم رہ جاتے ہیں ۔ بودھی خاندانوں میں ویسے بھی دھرم کے مفاد کے لیے ہر گھر میں سے ایک فرد کا خانقاہوں میں راہب بننے کے لیے بھیجے جانے کی روایت ہے ۔ لہٰذا یہ فریضہ اکثر گھر کا چھوٹا بھائی ہی سرانجام دیتا چلا آیا ہے۔ ہر خانقاہ کے پاس گزارے کے لیے کچھ نہ کچھ زمین وجائداد رہتی ہےاور اس طرح سے بودھی سماج خاندانوں کا تھوڑا بہت بوجھ ہلکا کرنے میں کامیاب رہتا ہے۔ یہی صورت لڑکیوں کے ساتھ بھی ہےاور ان میں سے بھی کچھ ان خانقاہوں میں راہبہ بن جاتی ہیں ۔عموماً انہیں رسوم میں شرکت کی اجازت نہیں ہے اور نہ ہی ان کے لیے مذہبی منتروں کا جاپ ضروری ہے ۔

ایسی صورت حال کے مضر نتیجے بھی ہیں ۔مجبوری کے ساتھ سمجھوتا کرنا ہی

پڑتا ہے۔ اگر کوئی چھوٹا بھائی خانقاہ کا رخ کرتا ہے تو یہ ضروری نہیں کہ وہ مذہب کی طرف مائل ہی ہو۔ پھر وہ اپنی زندگی کو اپنی مرضی اور خداداد صلاحیتوں کے پھر کے جینے کے حق سے بھی محروم ہو جاتا ہے۔اور سماج اپنے افراد کا بھرپور فائدہ نہیں اٹھا سکتا

اگر چھوٹا لڑکا اپنے بڑے بھائی کے ساتھ گھر میں ہی رہتا ہے تو اس کی ذاتی مالی حیثیت کمزور ہونے کی وجہ سے اس کی شادی کے لیے آسانی سے رشتہ ملنا قریب قریب ناممکن ہے۔ بڑے بھائی کے تجارت یا کام کاج کے سلسلے میں گھر سے اکثر باہر رہنے پر چھوٹے بھائی اپنی بھابھی سے رشتہ ازدواج قائم کر سکتے ہیں جن گھروں میں صرف بیٹیاں اولاد ہوتی ہیں۔ بڑی لڑکی اپنے لیے گھر میں 'رکھیل مرد' رکھ سکتی ہے۔ جسے عام طور پر 'میگ پا' کہا جاتا ہے۔ ایسے مرد کو اپنا گھر چھوڑ کر مالکن کے گھر ہی رہنا پڑتا ہے۔ گھر کی دوسری بیٹیاں چاہیں تو اپنی شادیاں کر سکتی ہیں لیکن اگر ان میں کوئی شادی نہ کرنا چاہے تو وہ بڑی بہن کے 'میگ پا' سے ازدواجی رشتہ قائم کر سکتی ہے 'میگ پا' کی حیثیت بودھی سماج میں بہت قابل رحم سمجھی جاتی ہے۔ کیونکہ وہ جائداد کے حق سے محروم ہے اور اسے کبھی بھی چٹکی بجاتے ہی طلاق دیا جا سکتا ہے

مندرجہ بالا صورت احوال بودھی گھرانوں تک ہی محدود ہے۔ اب جبکہ ہماری سرکار نے ایسے رسم و رواجوں کو غیر قانونی قرار دیا ہے۔ ایسی مثالیں جہاں ایک سے زیادہ شوہر یا بیوی کا رواج ہے۔ پسماندہ علاقوں میں اب بھی مل جاتی ہیں جہاں زیادہ سے زیادہ تین بھائیوں کی ایک بیوی ہوتی ہے۔ سبھی بچوں کو بڑے بھائی کو ہی باپ ماننا سکھایا جاتا ہے۔ اور دوسرے بھائی چھوٹے باپ، یا چچا ہی کہلاتے ہیں۔ بڑے بھائی کی موت کے بعد بیوی باقی بھائیوں سے طلاق

حاصل کر سکتی ہے۔ اس کا صرف اپنے مردہ شوہر کی انگلی میں دھاگا باندھ کر، توڑنا ایسے رشتوں سے آزاد ہونے کا اعلان ہے۔

زیادہ شوہروں کا رواج سماج کے لیے مضر ثابت ہو رہا ہے کیونکہ گھر کی لڑکیوں کے لیے رشتے ملنے دشوار ہو جاتے ہیں اور ادھیڑ عمر کی بن بیاہی عورتوں کا مسئلہ تشویشناک صورت اختیار کر لیا ہے۔ ایسی حالت میں کسی خانقاہ میں راہبہ بننے کے سوا ان کے لیے اور کوئی چارہ نہیں رہتا۔ لیکن اب اکثر خانقاہوں کی مالی حالت کمزور پڑنے لگی ہے اور ایسی عورتوں کا تحفظ بھی ایک مسئلہ ہے۔ ان عورتوں کا نیا دھرم کی طرف جھکاؤ نہیں بلکہ ازدواجی منڈی میں خاوندوں کا دستیاب نہ ہونا ہے۔ اگر انہیں خانقاہوں میں جگہ نہیں ملتی تو وہ اپنے بھائیوں کے بچے پالتی ہیں۔ گھر کا کام کاج سنبھالتی ہیں یا کھیتوں میں کام کرتی ہیں۔ جس کے عوض انہیں صرف خوراک، کپڑا اور چھت ہی نصیب ہو سکتی ہے

ایسے حالات میں یہ بن بیاہی بوڑھی عورتیں اسلام قبول کر کے مسلم گھرانوں میں شادی کے لیے تیار ہو جاتی ہیں کیونکہ اسلام ایک سے زیادہ شادی کی اجازت دیتا ہے۔ بہر حال یہ ہر طرح سے ضروری ہے کہ ایسی عورتوں کے لیے مذہب تبدیل کرنے کے علاوہ کوئی واجبی سماجی اور معاشی حل بھی ڈھونڈا جائے۔

لداخ میں تین پیڑھیوں کی ڈوری شادی کے لیے لازم مانی گئی ہے۔ اولاد نہ ہونے کی صورت میں میاں اور بیوی دونوں کو ہی دوسری شادی کا حق ہے۔ اگر بیوی کے اولاد نہیں ہوتی تو اپنی سالی سے شادی کر سکتا ہے۔ اس صورت میں پہلی بیوی کے حقوق اسی طرح برقرار رہتے ہیں۔

شادی کی تاریخ لاما لوگ ایک سال پہلے سے طے کر دیتے ہیں۔ شادی طے کرتے وقت ان جیوتشی لاماؤں کی اتنی ہی اہمیت ہے جو ہندوستان کے

قدامت پسند گھرانوں میں چلی آتی ہے۔

عموماً لڑکی کا رشتہ لڑکے والوں کے ہاں چھنگ بھیج کر طے کیا جاتا ہے۔ چھنگ کے پہلے دور میں شادی کے مختلف پہلو زیر غور رہتے ہیں۔ دوسری ملاقات میں دلہن کے والدین کو دیے جانے والے تحفوں کی تعداد اور نوعیت طے کر لی جاتی ہے۔ ایسے تحفوں میں روایتاً سوکھی خوبانیاں، چائے، گوشت، مکھن، چاول اور روٹی وغیرہ شامل رہتے ہیں۔ شادی سے دو ہفتے پہلے ایک تیسری ملاقات کے دوران دعوت ولیمہ میں کون کونسے رشتہ دار کھانے پینے کا کیا کیا سامان فراہم کریں گے، طے ہوتا ہے۔ عموماً یہ فریضہ دولہا اور دلہن کے ماموں کو سرانجام دینا پڑتا ہے۔ ان دعوتوں میں کھانا خوب سیر ہو کر کھایا جاتا ہے۔

لداخی شادیوں میں کھانے سے زیادہ پینے کی اشیا پر زور رہتا ہے۔ سب سے پہلے ملی جلی نمکین میٹھی چائے پیش کی جاتی ہے۔ پھر پنیر اور جو کے ستو۔ چھٹے دور میں لنٹہ آور نانگ چھنگ اور اس کے بعد سول چھنگ کا دور چلتا ہے اور ان سب کے بعد ہی دعوت میں چاول برتائے جاتے ہیں۔

لداخی لوگ بہت زندہ دل ہیں۔ دراصل وہ زندگی کی اہمیت کو بہت اچھی طرح سے جانتے ہیں۔ دور دراز علاقوں میں اکیلا رہنے کے عذاب سے بھی واقف ہیں۔ لہٰذا ایک دوسرے کی صحبت میں گذارے گئے خوشگوار لمحے ان کی زندگی کا بیش ترین سرمایہ ہوتے ہیں۔ موسیقی، گانے اور رقص کے دلدادہ، ان کی جوشیلی آوازیں اور فراخ قہقہے ان کی زندہ دلی کا ثبوت ہیں۔

کھیلوں میں چوگان (پولو) لداخیوں کا پسندیدہ کھیل ہے۔ چوگان کا کھیل غالباً وسط ایشیا کی دین ہے۔ لیکن یہ وثوق سے کہا جا سکتا ہے کہ لداخ میں اسے داڑ اور منگولوں نے رائج کیا ہے۔ یہ کھیل آج بھی خاص موقعوں پر لیہہ کی مارکیٹ کے

پاس میدان میں کھیلا جاتا ہے۔ چونکہ کھیل میں گھوڑے سرپٹ بھگائے جاتے ہیں۔ اور لکڑی کی گیند پل بھر میں میدان کے اس سرے سے اس سرے تک پہنچ جاتی ہے۔ اس لیے اس دن میدان کی طرف کھلتی دکانوں کا بند ہونا بالکل طے ہے۔ یوں بھی لداخی لوگ اپنے کام کاج چھوڑ کر بڑے اشتیاق سے یہ کھیل دیکھتے ہیں۔ چوگان کے بعد تیر اندازی دوسرا مرغوب ترین کھیل ہے۔

لداخ کے گھوڑوں کا ذکر پہلے آ چکا ہے۔ بھیڑوں اور یاک کے علاوہ لداخیوں کو کتے پالنے کا بھی بہت شوق ہے۔ ریوڑوں کی رکھوالی کے لیے کتے بہت ضروری ہیں۔ اسی کے لیے لداخی نسل کے کتے مشہور ہیں۔ یہ کتے برفیلی راستوں میں بھیڑوں کو ہانکنے اور انہیں ہر مصیبت سے بچالے کے اہل ہوتے ہیں۔ جاڑے اور برف سے بچنے کے لیے ان کتوں کے بال بھی بہت بڑے بڑے رہتے ہیں۔ اور وہ برفیلی سردی کا بخوبی سامنا کر سکتے ہیں۔ ان کے علاوہ چھوٹے قد کے گود میں لیے جانے والے لداخی کتوں کی ایک اور نسل بہت ہر دلعزیز ہے۔ ان کتوں کے رنگ عموماً گہرے بھورے یا سیاہ ہوتے ہیں۔ اور ان کے جسم بھی بالوں سے خوب بھرے رہتے ہیں۔ یہ آسائشی کتے ہر ملک کی عورتوں اور بچوں میں بے حد مقبول ہیں۔ اور کسی گھر میں ان کا ہونا خاندانی امارت کی نشانی تصور کیا جاتا ہے۔ میدانوں کی گرمی سے بچنے کے لیے ان کے لیے ایئر کنڈیشنگ کی سہولت بے حد ضروری ہے۔

کسی نے ایوریسٹ کے مشترکہ فاتح ایڈمنڈ ہلاری EDMOND HILLARY سے (جو کہ ان دنوں نیوزی لینڈ کی طرف سے ہندوستان میں قائم مقام سفیر ہیں) پوچھا تھا کہ آخر آپ کے ذہن میں ان اونچے پہاڑوں کو سر کرنے کا خبط کیوں سمایا رہتا ہے۔ ان کا مختصر سا جواب تھا۔ کیونکہ ایسے پہاڑ موجود ہیں! اب لداخ

کا پہاڑی علاقہ ہو اور مہم سر کرنے کا خبط نہ ہو، یہ کیسے ممکن ہو سکتا ہے اور پھر یہ کوہ پیمائی مہمیں، نیپالیوں کی طرح، لداخیوں کو بھی بطور شرپا، مزدور روزی روٹی مہیا کرتی رہیں نہ" اہل لداخ کو سونم ونگیال جیسے سپوت پر بھی فخر ہے جس نے دنیا کی سب سے اونچی چوٹی ماؤنٹ ایورسٹ کو سر کیا ہے اور اس طرح سے چند گنے چنے لوگوں میں اپنا مقام بنایا ہے۔

چند ڈاکٹروں سے بات کرنے پر معلوم ہوا کہ سردی نمونیا کے علاوہ یہاں تپ دق کی بیماری مقابلتاً زیادہ ہے۔ یہ میرے لیے حیرت کی بات تھی اور خلاف از توقع لداخ کا علاقہ جنسی بیماریوں سے پاک تھا ورنہ عموماً پہاڑی علاقوں میں وہاں کے ناگزیر حالات کی وجہ سے ایسی بیماریاں زیادہ ملتی ہیں۔ تپ دق کی وجہ سے لوگوں کا مویشیوں کے ساتھ رہنا اور تنگ جگہوں میں انگیٹھیاں سلگا کر سونا ہے اس کے لیے حفظانِ صحت کے اصولوں کو ذہن نشین کرانا اور ان کے طرز رہائش میں مناسب تبدیلیاں کرنا لازمی ہے۔

لداخ یقینی طور پر ہندوستان کا ایک عجیب و غریب قطعہ ہے جو فن لینڈ کی سردی، افریقہ کی تپش، جاپان کی مہمان نوازی، ایران کے تصوف اور تبت کے جادو کا بے مثال مرکب ہے

الوداع لداخ! پھر ملیں گے

اٹھارہ تاریخ آن پہنچی تھی جب ہمیں صبح کی فلائیٹ سے چنڈی گڑھ روانہ ہونا تھا۔ لیکن اٹھارہ تاریخ آئی اور چلی بھی گئی۔ اور ابھی تک ہم لیہہ میں ہی تھے۔ اسی ہوٹل میں ـــــ صرف اس فرق کے ساتھ کہ ہمارے قیام وطعام کی ذمہ داری اب انڈین ایرلائنس نے سنبھال لی تھی۔

ہوا یہ کہ ہم صبح سویرے ہوٹل کے مالک سجاد حسین صاحب سے رخصت ہو کر ہوٹل کی ٹیکسی میں بیٹھ کر ایرپورٹ پہنچ گئے۔ وہاں سامان اور ٹکٹ چیک کروائے ذاتی تلاشی دی۔ معلوم پڑا فلائیٹ خرابی موسم کی وجہ سے کچھ دیر میں آئے گی

کچھ دیر کے بعد ناشتے کے نام پر دو بسکٹ اور آرینج کی بوتلیں ہمارے ہاتھوں میں تھمادی گئیں۔ ابھی ہم ان مرحلوں سے گذر ہی رہے کہ اعلان ہوا۔ دہلی۔ چنڈی گڑھ سے آنے والی فلائیٹ نے جسے ہمیں چنڈی گڑھ۔ دہلی لے جانا تھا، لگاتار خرابی موسم کی وجہ سے مسترد کردی گئی ہے۔ اب ہمیں اگلی فلائیٹ ایک دن کے وقفے کے بعد ہی مہیا ہو سکے گی۔ لہٰذا ہمیں ہوٹلوں میں قیام وطعام کے کوپن دے کر سرکاری مہمان بنا دیا گیا۔ (کسی غلط معنوں میں نہ لیجیے گا!)

قیاس آرائیاں ہوئیں کہ اگر اگلی فلائیٹ بھی اسی طرح مسترد ہو گئی تو۔۔۔۔ کچھ مسافروں کی دہلی سے دوسری جگہوں کے لیے ریل یا ہوائی جہاز کی سیٹیں بُک تھیں۔ کچھ لوگوں کو کسی نہ کسی ضروری سلسلے میں دو چار روز بعد اپنی منزل مقصود پر پہنچنا لازمی ہے۔ بہرحال سرکاری مہمان ہونے کے شرف سے ہم میں سے بہت لوگ مطمئن تھے کہ چلیے اسی بہانے لیہہ میں مزید قیام کی گنجائش تو آئی اور دن بھی سرکاری گیرد ہے۔ اگرچہ آنے جانے والی ٹیکسی کا بھاڑا ہمارے ذمے ہی رہا تھا۔

لیہہ کا ہوائی اڈہ ہوائی فوج کی تحویل میں ہے اور ایر لائنس کے جہازوں کو اترنے چڑھنے کی اجازت صرف دس گیارہ بجے تک ہی مہیا ہے۔ چونکہ عموماً چنڈی گڑھ اور لیہہ کے بیچ بعد دوپہر موسم بہت خراب ہو جاتا ہے۔ اس لیے دوپہر کی اڑانیں ممکن نہیں ہو سکتیں۔ اور پھر گیارہ بجے کے بعد ہوائی فوج کا انتظامیہ اس ہوائی اڈے کو اپنے طیاروں کی اڑان کے لیے وقف کر دیتا ہے۔ لہٰذا مسافروں کو اس پریشانی کا سامنا اکثر کرنا پڑتا ہے۔ مقامی ایر لائنس کا عملہ لیہہ میں ہوائی فوج کے اور دہلی میں اپنے کمانڈر کے رحم وکرم پر ہے اور ان دونوں کا تال میل لیہہ سے آنے جانے والی اڑانوں کے لیے بے حد ضروری ہے۔ لیہہ سے ایک اڑان سری نگر بھی جاتی ہے اور اس طرح سے چند مخصوص دنوں پر براستہ

سری نگر سے دہلی پہنچنا بھی ممکن ہو جاتا ہے لیکن اس کا دارومدار اس فلائیٹ اور سری نگر سے دہلی جانے والی فلائیٹ کی فالتو نشستوں پر ہوتا۔ اور پھر ہم تو چنڈی گڑھ کے مسافر تھے نہ کہ دہلی کے۔ مقامی ایرلائنس سے ایک خصوصی فلائیٹ کا تقاضہ بھی کیا گیا۔ کیونکہ آئندہ اڑانوں میں پیشگی ریزرویشن والوں کا بار ہونا بھی لازمی تھا!

اب ہمارے پاس اڑتالیس گھنٹے کا وقت تھا۔ اس دوران کرشنا بھابی اور ترپت کو انتہائی مصروف رکھنا بھی ضروری تھا کیونکہ فالتو وقت کا نزلہ بازار میں خریداری کرتے ہوئے ہم پر اثر انداز ہو سکتا تھا۔ لہٰذا پریم بھائی صاحب نے انتہائی رازدار اور حکمت عملی برتتے ہوئے ان دونوں کے پاس سے فالتو رقم کا چارج لے لیا۔ یہ سوچتے ہوئے کہ یہ اقدام ان کی طبع نازک پر گراں نہ گزرے اور اس کی تلافی بھی ہونا چاہیے۔ ہم نے انہیں قریبی ویڈیو پارلر کا شو دکھانے کا پروگرام بنایا۔ شو کے اوقات تک فارغ ہونے کی وجہ سے ہم نے قریبی ٹورسٹ آفس میں جاکر لداخ کے مختلف نقشوں کا سرسری جائزہ لینا شروع کیا۔ ہمیں یہ جان کر حیرانی ہوئی کہ لداخ میں کم سے کم ۲۱ چوٹیاں ایسی تھیں جن کی بلندی ۲۰ ہزار فٹ سے زائد تھی۔ ان میں سے چند چوٹیوں کی بلندی حسب ذیل ہے

قراقرم	۲۸۲۵۰ فٹ
نرا	۲۵۱۸۰ فٹ
گن	۲۳۴۱۰ فٹ
نن	۲۳۲۱۹ فٹ

اور پھر ان کے بعد تو بقیہ ۱۷ چوٹیوں کا تانتا ہی بندھ جاتا ہے۔ اس لیے

کچھ عجیب نہیں کہ لداخ کوہ پیمائی کے شوقینوں کو دعوت دیتا ہے اور یہ شیدائی یہاں مقناطیس کی طرح کھنچے چلے آتے ہیں۔ ان کی ضرورتوں کو پورا کرنے کے لیے درجنوں کاروباری ادارے اور ایجنسیاں موجود ہیں جو انہیں خیمے، قلی، خچر، گلنڈ آکسیجن سلنڈر، کھانے پینے کا سامان اور دیگر متعلقہ ضروریات فراہم کرتے ہیں۔ دراصل کوہ پیمائی کے شوق نے دنیا بھر میں ایک نئی صنعت کو جنم دے ڈالا ہے۔ وادی کشمیر کی طرح سیاحت بھی لداخیوں کو ایک اہم ذریعہ معاش فراہم کرتی ہے اور ایسے موقعے دن بدن عروج پر ہیں۔

ہمارا پروگرام غیر یقینی ہونے کی وجہ سے اہم چینی محاذ کے پاس واقع یہاں سے ڈیڑھ دو سو کلومیٹر دور پینگانگ جھیل جانے سے قاصر رہے حالانکہ سینیل نے بریگیڈ ہیڈ کوارٹر کے توسط سے وہاں جانے کی تمام سہولیات مہیا کرنے کی پیشکش بھی کی تھی۔ ہم اس علاقے میں دورا کرتے ہوئے سینئر افسروں کے ساتھ وہاں جا سکتے تھے۔ یہ علاقہ مکمل طور پر فوج کی تحویل میں ہے جہاں فوجی کے سوا غیروں کو جانے کی اجازت شاذ و نادر ہی ملتی ہے۔ یہاں صرف یہی مشکل تھی۔ کہ ہمیں آنے جانے میں دیر سویر ہو سکتی تھی اور اس وجہ سے ہماری فلائیٹ کے اوقات کی پابندی خطرے میں پڑ سکتی تھی۔

ہمیں پینگانگ جھیل کے بارے میں بتایا گیا کہ وہاں کے حسین نظارے جنت کے نظاروں سے کم نہ تھے۔ ٹھہرے ہوئے زمردیں میں آس پاس کی پہاڑیوں کے ہلکورے کھاتے عکس ایک نادر نظارہ مہیا کرتے ہیں۔ ایک سو چالیس کلومیٹر لمبی اور چار چھ کلومیٹر چوڑی جھیل کے بیچوں بیچ ہند چینی سرحد ہے جس کے آر پار گرمی کے موسم میں اپنے اپنے حصوں میں ہندوستانی اور چینی فوج کی کشتیاں گشت لگاتی رہتی ہیں۔ جھیل کے آس پاس اور اس کی پرسکون سطح پر قدرتی نباتات اور

حیوانی زندگی سرور سے غافل، اپنی مستی میں لہراتی رہتی ہے۔ دن کی بدلتی روشنی میں اور خصوصاً شام کو ڈوبتے سورج کی ارغوانی روشنی میں یہ جھیل کتنے ہی دلکش رنگ بدلتی ہے۔ جنہیں قدرت کا شاہکار ہی کہا جاسکتا ہے۔

یہاں پہنچنے کے لیے کھردنگلا درہ (اونچائی ۱۸۳۴۷ فٹ) یاد کرنا پڑتا ہے۔ اور اس فوجی سڑک کو دنیا بھر کی سب سے اونچی سڑک ہونے کا شرف حاصل ہے۔ یہاں راہ گیر خدا سے باتیں کرتا معلوم ہوتا ہے۔ اس وجہ سے یاد ہی لداخ کی سب سے حسین اور ہری بھری وادی نبرا ہے۔ جہاں خوبانیاں، سیب اور شہتوت کے پیڑوں کے جنگل ہیں۔ سچ پوچھیے تو ہم نے ابھی تک لداخ کا آدھا حصہ بھی نہیں دیکھا تھا۔ لاہول سپتی سے زنسکار کا علاقہ تو ہم نے ابھی نقشوں میں ہی دیکھ کر اپنی معلومات میں کچھ اضافہ کیا تھا۔ کاش کہ ہم لداخ پوری طرح دیکھ سکتے۔ بیگانگ جھیل دیکھنے کا موقعہ تو ہم نے خوامخواہ کھو دیا۔ پریم بھائی صاحب تو کبھی کبھی مایوسی کے عالم میں یہ نیم مصرعہ گنگناتے، 'یہ نہ تھی ہماری قسمت . . . .'، بہرحال سمجھوتا ہی کا دوسرا نام ہے، اس کے تو آپ بھی قائل ہوں گے۔

اس دوران شہر گھومتے گھومتے ہماری نظر اکثر سایہ کیے ہوئے قدیم لداخی شاہی محل پر جا پڑتی۔ پریم بھائی صاحب کے پاس واقعی اور کوئی ایسی دلفریب لبھاؤنی عمارت دعوت نظارہ دے۔ یہ ناممکن تھا کہ وہ توجہ سے محروم رہ جائے۔ نہ جانے یہ اب تک موقعہ کیوں ہاتھ نہیں لگ تھا ــــــ اس بوسیدہ محل میں اب کچھ زیادہ دیکھنے کو نہیں بچا تھا پھر بھی عمارت تو سامنے تھی۔ انہوں نے آنکھوں ہی آنکھوں مجھ سے اس پر دھاوا بولنے کے ارادے سے پوچھا تو میں نے انہیں

ترپت اور کرشنا بھابی کی رضامندی لینے کے لیے اشارہ کر دیا۔ یہ ہمارا قیاس تھا، وہ دونوں اتنی بلندی پر پیدل جانے کے لئے تیار نہ تھیں۔ وہاں تک جیپ جانے کے لئے بھی کوئی سڑک نہ تھی۔ محل کے راستے شہر کی پر پیچ گلیوں میں گذرتے ہیں اور اونچے محل تک جاتے تھے۔

لہٰذا اس محل کو سر کرنے کا پروگرام دوپہر کے لیے بنایا گیا۔
اگلی دوپہر جب خواتین سستا رہی تھی، ہم دونوں اس شاہی محل کو دیکھنے کے لیے نکل پڑے۔ شہر کی گلیوں اور حویلیوں سے گذرتے، کبھی کبھار گھروں کے بیچوں بیچ ہوتے ہوئے ہم محل جانے والی پگڈنڈی پر پہنچ گئے۔ محل جانے کے لیے شہر سے مختلف تین چار پگڈنڈیاں اوپر جاتی ہیں۔ ہمیں یہ دیکھ کر تسلی ہوئی کہ ان میں سے کوئی بھی پگڈنڈی ہماری پگڈنڈی کے مقابلہ میں زیادہ چوڑی یا زیادہ سہل نہ تھی۔ یوں بھی حاکم تک رسائی اتنی سہل نہیں ہوتی۔ یہ پگڈنڈیاں ان کا واضح ثبوت معلوم ہوتی تھیں۔ دور سے یہ شاہی محل ایک مستطیل شکل لیے ہوئے ہے۔ ایک کے اوپر ایک دیو جسامت پتھر جمائے۔ یہ شاہی محل آسمان سے باتیں کرتا نظر آتا ہے۔ اہرام مصر کی طرح ہی اتنے قوی ہیکل پتھروں کو ان بلندیوں پر پہنچانے کا راز، صرف مزدوروں اور غلاموں کی ہمت اور ان تھک کوششوں کا ہی نتیجہ ہو سکتا تھا۔ نہ جانے کئی جانیں قربان ہوئی ہوں گی۔ اس قصر شاہی کو بناتے بناتے!
محل کے مشرق میں ایک لکڑی کا بنا بہت بڑا شیر ہے۔ کہا جاتا ہے کہ محل کے عروج کے زمانے میں یہ شیر ایک رسی سے بندھا اپنے پنجرے سے اندر اور باہر نکالا جاتا تو وہ اس وقت دہاڑتا۔ ہو سکتا ہے ان دنوں یہاں سچ مچ کا شیر ہی رکھا جاتا ہو ورنہ ٹیپ ریکارڈر سے محروم زمانے میں یہ دہاڑ کیسے اور کیونکہ پیدا کی جاتی ہو گی، ہماری سمجھ سے باہر تھا۔ یہاں سے چٹان میں کھدی اونچی سیڑھیاں ایک دربار نما دالان میں کھلتی ہیں جو شاید اس سنہرے زمانے میں رقاصاؤں کے تھرکتے پاؤں کی جھنکار سے گونجتی ہوں گی۔ یا پھر اسی دربار میں امن اور تجارت جیسے مختلف موضوعات پر بحث مباحثے ہوتے ہوں گے۔ آج کا یہ دالان کسی زمانے

کا شاہی دربار تھا جس کی دیواریں حسین بودھی حکایتوں سے منقش تھیں اور جو ڈوگروں کے حملے کی وجہ سے تباہ و برباد ہو گیا۔ آج یہ بوسیدہ محل چمگادڑوں کا مسکن بن چکا ہے۔ محل کے اندر جگہ جگہ لکڑی کے بوسیدہ، کرم خوردہ زینے ہیں جن سے آج بھی احتیاط کے ساتھ ایک منزل سے دوسری منزل پہنچا جا سکتا ہے۔ محل کے اندر بھی دو ایک خانقاہیں ہیں جہاں سے آتے جاتے راہبوں کو دیکھا جا سکتا ہے۔ محل کا ایک گوشہ ابھی بھی اس کے وارثوں کے لیے وقف ہے۔

محل سے اوپر بلندی پر ایک شاہی خانقاہ الگ سے بنی ہوئی ہے۔ جس کی طرف ایک تنگ سی اور ستواں پگڈنڈی جاتی ہے۔ یوں تو خانقاہ کچھ زیادہ بلندی پر نہیں دکھائی دیتی تھی، مگر جب ہم نے چڑھنا شروع کیا تو مجھے چکر آنے لگے۔ شاید اس کی اونچائی اور پھر آکسیجن کی کمی اس کے لیے ذمہ دار ہو گی۔ چونکہ دو سال قبل ہی دل کے عارضے کا شکار رہا تھا، پریم بھائی صاحب نے مجھے یہ جوکھم لینے سے منع کیا اور مجھے ایک پتھر پر بٹھا کر خود ایک بھیڑ کی مانند اس پگڈنڈی پر روانہ ہو گئے۔ میں پتھر پر بیٹھا ان بلندیوں سے لیہہ شہر کا جائزہ لیتا رہا۔ سارا شہر کیا آس پاس کی پہاڑیاں بھی حد نظر میں تھیں۔ قدرت کی گود میں بسا یہ شہر سچ مچ بے حد حسین اور روح پرور نظارہ مہیا کرتا تھا۔ میں نے نیچے جھانک کر شہر کے بڑے بازار کی طرف دیکھا۔ مجھے یکایک احساس ہوا کہ اگر میرے پاس سے کوئی بھی پتھر لڑھکا تو وہ سیدھا جھانگ گلی میں ہی جا کر رکے گا۔ جیسے روحانی بلندیوں سے گر کر جھانگ گلی میں گرنا کوئی فطری عمل تھا! زندگی کی یہ شاہراہ ان ڈانڈوں کو عجیب طرح سے ہلاتی تھی!

اگلے روز ہم ایک بار پھر سجاد حسین صاحب اور ہوٹل کو الوداع کہہ کر ایئر پورٹ

پر موجود تھے۔ بالکل پہلی روز کی طرح ہی ہمارا سامان ایر لائنز کے عملہ کو سونپا گیا۔اسی طرح ہی ذاتی تلاشی دینے کے بعد ہم رخصتی لاؤنج کی چھت کے نیچے بیٹھے تھے۔ آج بھیڑ پہلے روز سے کچھ زیادہ ہی تھی اسی طرح ہوائی جہاز کے تاخیر سے آنے کا اعلان ہوا اور پھر پہلے کی طرح ہی ناشتے کے نام پر بسکٹ اور ڈرنک تھما دئے گئے : اور پھر چند منٹ بعد بالکل اسی طرح سے فلائیٹ منسوخ ہونے کی خبر سنائی گئی ۔ایک بار پھر ہم اپنا سامان ٹیکسی میں لدوا کر واپس ہوٹل کھانگڑی پہنچ گئے ۔ سجاد حسین صاحب نے واپس ہمارے کمرے سونپ دیئے ۔ اب کی بار ہمیں یہ سرکاری مہمانی کچھ زیادہ اچھی نہ لگی ۔اب اگلی فلائیٹ کا ہمیں اگلے دن تک انتظار کرنا تھا۔

سارا دن کوفت میں بیتا۔ایک بات باعث مسرت تھی کہ لیہہ میں بڑھتے قیام کے ساتھ ساتھ ہماری لداخی زبان دانی کے ذخیرے میں اضافہ ہوتا جاتا جا رہا تھا۔ تھیکگشی، (شکریہ) کے علاوہ جو جملہ ترپت کا مرغوب ترین جملہ تھا وہ تھا "سچاہ ہٹی کروایا وت" (چائے کی دکان کہاں ہے ؟) شاید اس لیے کہ وہ چائے کی رسیا ہے اور اسے ہر دو گھنٹے بعد چائے درکار ہے۔ اگرچہ ہمیں گرشنا بھابی کے "نیار بازار خرازت ؟" (بازار کہاں ہے ؟) جیسے جملوں سے ڈر بھی لگنے لگا تھا ؛ اب وہ ہوٹل کے بیرے لڑکوں کو 'نونو' اور لڑکیوں کو 'چوچو' کہہ کر بلانے لگی تھیں

اس دوران ہم سب نے کچھ بچوں کے لوک گیت بھی سیکھ لیے تھے

لولو، لولو، خیرلا لولو ! سنگین لا لولو ! جھوس لا لولو ! للعلا لولو ! لو لو :

اے دیپ جلو ! محل کے حضور میں جلو ! مدہ کے حضور میں جلو ! دھرم کے حضور میں جلو۔

یا پھر

"الی دے ایلی دے ادب دے! دب چق دے! ردبنو رے! رد
مچق دے، جاودے، چتر ے دے۔

(ہمیں الی دیکھیے، یلی دیکھیے والی یلی سستے قسم کے زیور ہیں) سوئی دیکھیے،
ٹوٹی ہوئی ہی کیوں نہ ہو، کوڑی بھی چاہے ٹوٹی ہوئی چمٹی بھی دیکھیے۔)

اور ہم سب ان لوک گیتوں کو بیٹھے بیٹھے گانے لگ جاتے۔

اگلی صبح ہم معمول کی طرح پھر ایرپورٹ پر موجود آج آسمان صاف دکھائی دے
رہا تھا۔ لہذا پر امید نگاہیں آسمان میں آنے والے جہاز کا جائزہ لے رہی تھیں۔
مختلف مرحلوں سے گذرنے کے بعد ہم پھر رخصتی لارئح میں کرسیاں سنبھالے جہاز
کا انتظار کر رہے تھے کہ اچانک پھر جہاز کی تاخیر کا اعلان ہوا۔ چنڈی گڑھ اور لیہہ
کی پہاڑیوں میں پھر موسم خراب تھا! ابھی بسکٹ اور ڈرنکس نمودار ہی ہوئے تھے کہ
کرشنا بھابھی نے پیشن گوئی کی "اب فلائیٹ کینسل ہونے کا اعلان بھی ہونے
کو ہے!" اور سچ مچ اگلے پانچ منٹوں میں واقعی یہ اعلان ہو گیا۔ اس بار یہ انکشاف
بھی ہوا کہ اب ہم سرکاری مہمان نوازی کے بھی حقدار نہ ہو سکیں گے۔ سچ بات تو یہ
تھی کہ ہماری ٹکٹوں کے بھاڑے سے کہیں زیادہ ایڈین ایرلائنز ہماری مہمان نوازی
پر خرچ کر چکی تھی! لیکن اس میں ہمارا بھی کوئی قصور نہ تھا۔ اِدھر ہر بار آنے جانے
کی ٹیکسی کا بھاڑا جو تقریباً اسّی روپے بیٹھتا ہمیں ہی چکانا پڑتا۔

اگرچہ ایرلائنس والے کئی دنوں سے دہلی کنٹرول سے فالتو فلائیٹ کا تقاضہ
کر رہے تھے، لیکن یہ خواب ابھی تک شرمندہ وفا تھے۔ ہر فلائیٹ کینسل ہونے
کے ساتھ ساتھ مسافروں کے ہجوم میں اضافہ ہوتا چلا جارہا تھا۔ لوگوں کی پونجی بھی
اب ختم ہونے کو آرہی تھی۔ اور وہ ایک مزید جھٹکے کا بار اٹھانے کے قابل نہ رہ
گئی تھی۔ کم سے کم ہمارا تو یہی حال تھا۔ ایرلائنس کی بے وفائی پر سب لوگ

____ دہلی پہنچ کر اخباروں میں واویلا مچانے اور پارلیمنٹ میں سوال اٹھانے کے درجنوں پلان بنائے گئے۔ اُدھر یہ افواہ تھی کہ راستے کو بھی برے موسم نے گھیر رکھا تھا جس کی وجہ سے سڑک بھی کسی وقت بند ہو سکتی تھی۔ لہٰذا مسافر بھاگ بھاگ کر بسوں، ٹیکسیوں غرضیکہ جس سواری کا بھی امکان نظر آتا، اپنی سیٹیں بک کرا رہے تھے۔ ہم نے بھی ایر لائنس کے ٹکٹ واپس کر کے بسوں میں لینے کی ٹھانی۔ خوش قسمتی سے ایک بس کی آخری چار سیٹیں ہمارے ہاتھ لگیں اور ہم خدا کا شکر بجالائے۔

اب ہمارے سامنے سری نگر تک دو دن کی اور پھر وہاں سے دہلی تک کی مزید دو دن کی مسافت سامنے تھے۔ چنڈی گڑھ جانے والا پلان منسوخ قرار دیا گیا۔ اگر جموں سے ہمیں ریل کی سیٹیں مہیا ہو گئیں تو بہتر، ورنہ اگلے چار پانچ روز کا سفر بس میں ہی طے کرنے کے سوا اور کوئی چارہ نہ تھا۔ جہاں یہ چار پانچ دن کی جان لیوا مسافت سامنے تھی، وہاں یہ خیال کہ ہمیں لداخ کے پہاڑ اور زوجیلا کے نظارے دیکھنے کو پھر ملیں گے۔ ہمیں خوش گوار سکون بھی دے رہے تھے۔

ہم سب ایک بار پھر بس میں بیٹھے لداخی پہاڑوں کے جلوے ذہن میں بسائے میں محو تھے۔ جب پریم بھائی صاحب نے میری طرف دیکھتے ہوئے کہا

"سنا ہے مثال[1]۔ یہہ شاہراہ زیر تعمیر ہے۔ جب یہ سڑک بن جائے گی۔ ہم سب ایک بار پھر لداخ آئیں گے! کیوں ٹھیک ہے نا؟"

---

[1] یہ سڑک حال ہی میں اکتوبر ۱۹۸۰ء میں بن کر تیار ہو گئی ہے۔

ترپت اور میں نے اثبات میں سر ہلا دیئے لیکن کرشنا بھابھی نے اچانک چلا کر کہا۔

"صرف ایک شرط پر۔"

ہم سب شرط کی وضاحت سننے کے لیے بے چین تھے

"اس بار میرے خرچ کرنے پر کوئی روک ٹوک نہ ہوگی!" اس میں ترپت کی پرجوش تائید بھی شامل تھی۔

اور ہم سب قہقہہ لگا کر ہنس دیئے۔

ستیش بترا کا جنم ۱۹۲۶ء میں ملک کے اس حصے میں ہوا جو آج کل پاکستان میں ہے۔ گورنمنٹ کالج لاہور سے بی اے اور سینٹ جونز کالج آگرہ سے ایم اے (انگریزی ادب) کیا۔ کالج کے زمانے سے ہی ان کے اُردو کے ممتاز موقر جریدوں میں افسانے چھپتے رہے۔ وہ وقت کے ساتھ کبھی پرانے نہیں ہوئے۔ کیونکہ ان کی تحریر نے ہمیشہ وقت کے تقاضوں کا ساتھ دیا۔ ان کی ذہنی قوت و توانائی اور شگفتگی بیان کا احساس ان کے ہر نئے افسانے میں ملتا ہے۔ وہ انسانیت کے پجاری تھے۔ وہ ہر کہانی کو پانچوں حصوں سے آراستہ کر کے زندگی کی تلخ و شیریں حقیقت کو پیش کرتے رہے۔

"ویران بہاریں" (افسانے) بوند بوند ساگر" (افسانے) اڑتے لمحے" (افسانے) اور "بے لباس لمحے" (افسانے) کتابی شکل میں شائع ہو کر مقبولیت حاصل کر چکے ہیں۔ "جوے لداخ" لداخ کا سفرنامہ آپ کے ہاتھوں میں ہے۔

گوپال متل
کی یادگار خود نوشت

لاہور کا جو ذکر کیا

(بین الاقوامی ایڈیشن)

منظر عام پر آچکا ہے